Felicitas Piur
Miriam Schneider



# Lernplakate gestalten

## im Geschichtsunterricht 5/6

Alle Materialien, um Inhalte zu erarbeiten und zu sichern: ästhetisch, motivierend, nachhaltig!

AV Auer

Wir haben uns für die Schreibweise mit dem Sternchen entschieden, damit sich Frauen, Männer und alle Menschen, die sich anders bezeichnen, gleichermaßen angesprochen fühlen. Aus Gründen der besseren Lesbarkeit für die Schüler*innen verwenden wir in den Kopiervorlagen das generische Maskulinum.
Bitte beachten Sie jedoch, dass wir in Fremdtexten anderer Rechtegeber*innen die Schreibweise der Originaltexte belassen mussten.
In diesem Werk sind nach dem MarkenG geschützte Marken und sonstige Kennzeichen für eine bessere Lesbarkeit nicht besonders kenntlich gemacht. Es kann also aus dem Fehlen eines entsprechenden Hinweises nicht geschlossen werden, dass es sich um einen freien Warennamen handelt.

1. Auflage 2021


Sind Internetadressen in diesem Werk angegeben, wurden diese vom Verlag sorgfältig geprüft. Da wir auf die externen Seiten weder inhaltliche noch gestalterische Einflussmöglichkeiten haben, können wir nicht garantieren, dass die Inhalte zu einem späteren Zeitpunkt noch dieselben sind wie zum Zeitpunkt der Drucklegung. Der Auer Verlag übernimmt deshalb keine Gewähr für die Aktualität und den Inhalt dieser Internetseiten oder solcher, die mit ihnen verlinkt sind, und schließt jegliche Haftung aus.

Autor*innen: Felicitas Piur, Miriam Schneider
Covergestaltung: annette forsch konzeption und design, Berlin
Umschlagfoto: Shutterstock: Carolyn Franks
Illustrationen: Corina Beurenmeister, Steffen Jähde
Satz: Fotosatz H. Buck, Kumhausen
Druck und Bindung: Korrekt Nyomdaipari Kft.
ISBN 978-3-403-**08387**-0
www.auer-verlag.de

Einen Tag vor der Klassenarbeit noch schnell den Lernstoff ins Kurzzeitgedächtnis bringen – das versuchen viele Schüler*innen und nach kurzer Zeit ist alles wieder weg. Monatelang beschäftigen sie sich zum Beispiel im 6. Schuljahr mit der Bruchrechnung und spätestens zu Beginn des 7. Schuljahres scheinen die erlernten Inhalte wie weggefegt. Wie gelingt es, dass Erlerntes länger „im Gedächtnis bleibt“?
Wenn Informationen mit bereits vorhandenem Wissen verknüpft werden, kann man sich diese viel leichter merken. Das Verbinden mit Bildern, Stichwörtern, Symbolen etc. erleichtert das Abrufen. Die Schüler*innen sollten sich also mit den Inhalten beschäftigen, diese veranschaulichen, kreativ werden usw. – so wird Lernstoff nachhaltig im Gedächtnis verankert sowie die Motivation bei den Lernenden erhöht.
Genau an dieser Stelle greift die Veröffentlichungsidee zum Thema „Schüler*innen erstellen selbstständig Plakate zu Unterrichtseinheiten“. Die Lerngruppe soll durch Arbeitsblätter angeleitet werden, wesentliche Inhalte zu erarbeiten und auf einem Plakat festzuhalten.
Die Schüler*innen stellen einzelne Themen einer Unterrichtseinheit vernetzt dar, um Gelerntes besser behalten zu können. Die Arbeitsblätter sind dabei so aufgebaut, dass die Schüler*innen sich Lernstoff selbstständig aneignen und angeleitet durch Fragen wichtige Informationen notieren. Zu beschriftende, vorgegebene Bilder unterstützen visuell die Nachhaltigkeit der jeweiligen Thematik. Die letzten Aufgaben sind immer die „Plakataufgaben“, bei denen die Lerngruppe noch mal die wichtigsten Inhalte erarbeitet, um sie dann auf ihre Plakate zu übertragen. Sie als Lehrkraft können Anordnungen von Themen beispielhaft vorgeben, zum Beispiel mit dem Bild eines fertigen Lernplakates (Beispiele, wie so ein Lernplakat in etwa aussehen könnte, finden Sie auf den Lösungsseiten). Auf diese Weise können Sie Zusammenhänge zwischen einzelnen Themen aufzeigen und die Nachhaltigkeit der jeweiligen Unterrichtseinheit effizienter gestalten.

Viel Erfolg wünschen

*Felicitas Piur & Miriam Schneider*

## Allgemeine Hinweise

Die Arbeit mit Lernplakaten bietet das Potential für eine hohe Motivation der Schüler*innen, jedoch kann diese offene Unterrichtsmethode auch überfordern. Deswegen sollten Sie auf eine genaue Einführung der Methode besonderen Wert legen. Dabei ist es sinnvoll, die einzelnen Arbeitsschritte visuell zu strukturieren (z. B. Tafel, Plakat, Arbeitsblatt). Zudem bietet eine gemeinsame Zusammenführung nach jeder Arbeitsphase die Möglichkeit zum gemeinsamen Austausch sowie zur Reflexion und gibt den Schüler*innen Sicherheit und Beständigkeit. Eventuell kann auch eine kurze Besprechung vor den Arbeitsphasen stattfinden, in der die Lernenden ihr Vorhaben für die Stunde formulieren. Dabei lernen sie auch, ihr eigenes Arbeiten zu planen.
Haben Sie in den Arbeitsphasen einen Blick darauf, dass keine ungeklärten Fragen entstehen, die Klasse sich nicht in ihren Aufgaben „verliert" und gleichzeitig die zeitlichen Vorgaben einhält.
Wenn die Schüler*innen sich selbst korrigieren sollen, behalten Sie im Auge, dass sie dies auch sauber und ordentlich erledigen.
In den meisten Fällen ist es hilfreich, die allgemeine Sitzordnung für die Arbeitsphasen aufzulösen. Eingerichtete Ruhezonen können sicherstellen, dass sich alle Lernenden möglichst gut auf ihre Aufgaben konzentrieren können.
Das Lernplakat zu erstellen erfordert von den Schüler*innen eine hohe Planungsfähigkeit, die zunächst gelernt und geübt werden muss. Achten Sie darauf, dass die Klasse die Plakatkarten nicht direkt auf das Plakat klebt, sondern zunächst darauf legt, um überfüllte oder schlecht strukturierte Plakate zu vermeiden. In einzelnen Fällen ist es sinnvoll, auch die Plakatinhalte zunächst zu kontrollieren, damit keine falschen Inhalte auf dem Plakat festgehalten werden. Es ist davon auszugehen, dass eine heterogene Lerngruppe die Aufgaben unterschiedlich schnell bearbeitet. Legen Sie also schon zu Beginn einen Abgabetermin fest und stellen Sie zusätzliches Arbeitsmaterial für die bereit, die vorzeitig mit ihrem Plakat fertig werden.

## Fachbezogene Hinweise

Die Vergegenwärtigung spielt im Geschichtsunterricht eine wichtige Rolle. Diese kann unter anderem durch Aufgabenformate erreicht werden, die das Hineinversetzen in Personen einer bestimmten Zeit erfordern. Geben Sie diesen Aufgabenformaten einen hohen Stellenwert, indem Sie die Klasse zum Beispiel während der Zusammenführung vortragen lassen oder lassen Sie sich in den Arbeitsphasen einzelne Ergebnisse vorlesen.
Die Arbeitsblätter arbeiten viel mit Bildern. Achten Sie als Lehrkraft darauf, dass diese von den Schüler*innen Beachtung finden. Greifen Sie beispielsweise einzelne Bilder heraus, die die Lernenden beschreiben. Ein paar Aufgaben erfordern auch das Arbeiten mit Karten und dem Atlas. Hierbei ist es sinnvoll, das Arbeiten mit solchen Quellen im Vorhinein kurz zu wiederholen.
Für die Orientierung in Raum und Zeit ist die Arbeit mit dem Zeitstrahl im Geschichtsunterricht unabdingbar. Einzelne Arbeitsblätter beinhalten solche Darstellungen. Lassen Sie die Ereignisse auf einem einheitlichen Zeitstrahl im Klassenzimmer einordnen. Zu Beginn der Stunden bietet dieser die Möglichkeit zur gemeinsamen Einordnung.
Für die Gestaltung der Lernplakate stehen außerdem allgemeine „Plakatillustrationen" und für jedes Kapitel extra „Plakatkarten" zur Verfügung, die mehrfach kopiert werden können. Für die Präsentation der Ergebnisse und der fertigen Lernplakate bieten sich verschiedene Methoden an, zum Beispiel der Galerierundgang.

## Was ist ein Lernplakat?

Auf einem Lernplakat sammelst du deine Arbeitsergebnisse (Texte, Bilder, Fotos usw.) aus verschiedenen Geschichtsstunden. Die Reihenfolge, in der du die Bilder oder Texte aufklebst oder etwas aufschreibst, zeigt die Entwicklung einer Geschichte. Manchmal zeigt sie auch eine Zeitabfolge oder einen Weg.

## Welches Material brauchst du?

- (farbige) Tonkartons (DIN A2 oder DIN A3)
- Schere
- Kleber
- deine Arbeitsergebnisse (von Arbeitsblättern, Bilder oder Fotos usw.)
- Ausschneidevorlagen von verschiedenen Rahmen, Bannern, Fußabdrücken usw. (um Überschriften zu gestalten oder Wege und Abfolgen darzustellen)
- ausgeschnittene Bilder
- eine Prospekthülle

## Wie bereitest du dein Lernplakat vor?

In den meisten Fällen kannst du deinen großen Tonkarton einfach so benutzen. Das ist dann sinnvoll, wenn du einen Kreislauf darstellst.

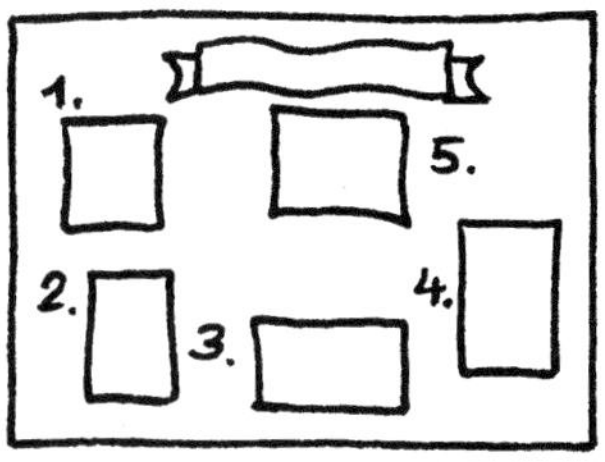


Wenn dein Plakat einen Weg oder eine Zeitabfolge zeigt, kannst du den Tonkarton in der Hälfte auseinanderschneiden und die beiden Hälften aneinanderkleben.

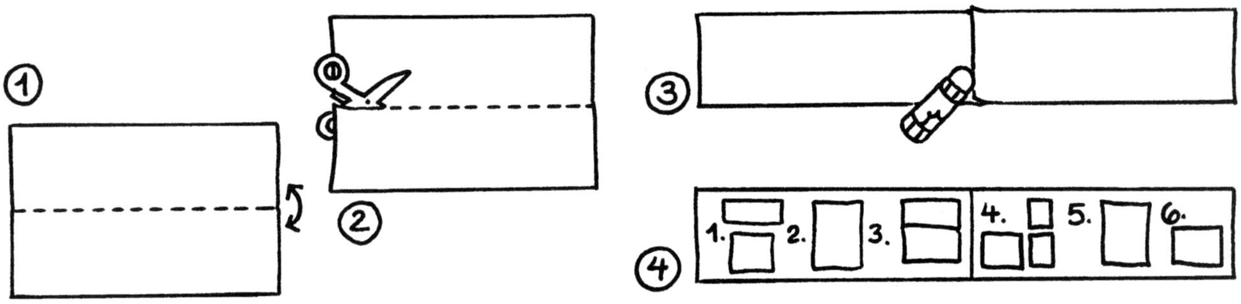


## Wie teilst du dein Lernplakat ein?

Zuerst besprecht ihr in der Klasse oder Gruppe, wie viele Teilabschnitte die Plakate bekommen. Mit eurem Lehrer oder eurer Lehrerin teilt ihr ein, wie viel Platz ihr für jeden einzelnen Abschnitt ungefähr braucht. Du kannst das mit einem feinen Bleistiftstrich markieren. Klebe in jeder Stunde die Ergebnisse auf dein Plakat oder klebe alle Arbeitsergebnisse in der letzten Stunde, die du zu einem Thema hast, auf. Dazu ist es sinnvoll, die Ergebnisse in den jeweiligen Unterrichtsstunden zu nummerieren und in einer Prospekthülle zu sammeln.

| Name: | | | | | | | Datum: |
|---|---|---|---|---|---|---|---|
| **Thema:** | | | | | | | |
| **Bewertungsbereich** | | **1** | **2** | **3** | **4** | **5** | **6** | **Notizen** |
| **Arbeit in der Gruppe / mit dem Partner** | Du hast aktiv mitgearbeitet. | | | | | | | |
| | Du hast dich an die Regeln der Zusammenarbeit gehalten. | | | | | | | |
| | Du hast konzentriert gearbeitet. | | | | | | | |
| | Du hast dir deine Zeit gut eingeteilt. | | | | | | | |
| **Inhaltliche Bewertung / Arbeits-blätter** | Du hast alle Arbeitsaufträge bearbeitet. | | | | | | | |
| | Du hast deine Aufgaben mit der Lösung kontrolliert. | | | | | | | |
| | Deine Arbeitsergebnisse sind inhaltlich korrekt. | | | | | | | |
| **Plakat-gestaltung** | Du hast einen sinnvollen Aufbau für das Plakat gewählt. (Anordnung der Karten, zusätzliche Gestaltung ...) | | | | | | | |
| | Du hast das Plakat ansprechend gestaltet. | | | | | | | |
| | Du hast sinnvolle Überschriften gewählt. | | | | | | | |
| | Du hast alle wesentlichen Inhalte auf dem Plakat festgehalten. | | | | | | | |
| | Du hast deine Teilergebnisse in der richtigen Abfolge aufgeklebt. | | | | | | | |
| | Du hast eigene Ideen und Ergebnisse eingebracht. | | | | | | | |
| | Du hast lesbar geschrieben. | | | | | | | |
| | Du hast sorgfältig gearbeitet. | | | | | | | |
| **Präsentation** | Du hast dein Plakat strukturiert vorgestellt. | | | | | | | |
| | Du hast laut und deutlich vorgelesen. | | | | | | | |
| | Du hast Rückfragen beantwortet. | | | | | | | |
| **Gesamtnote:** ______________ | | | | | | | | |

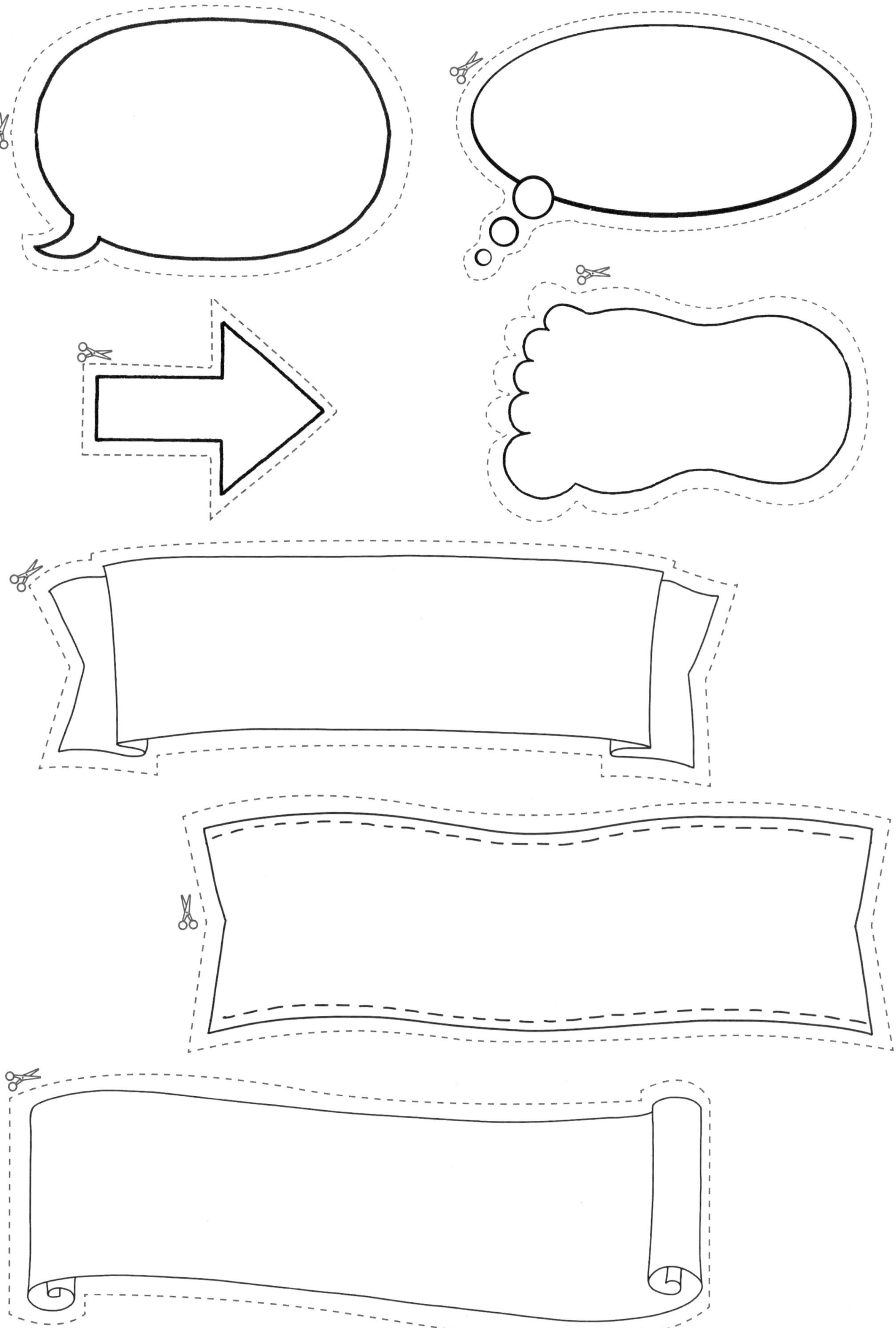

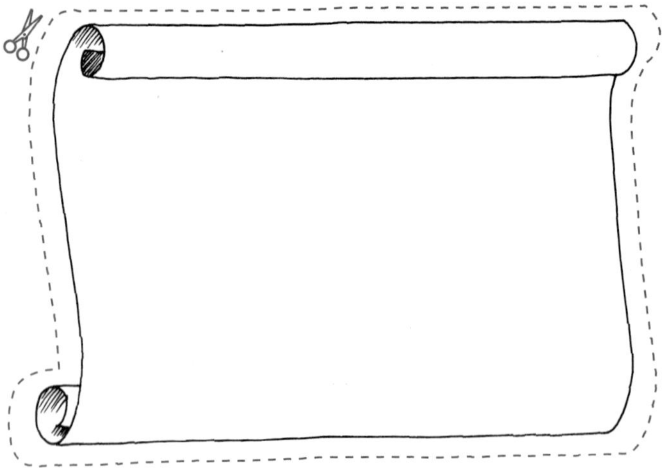

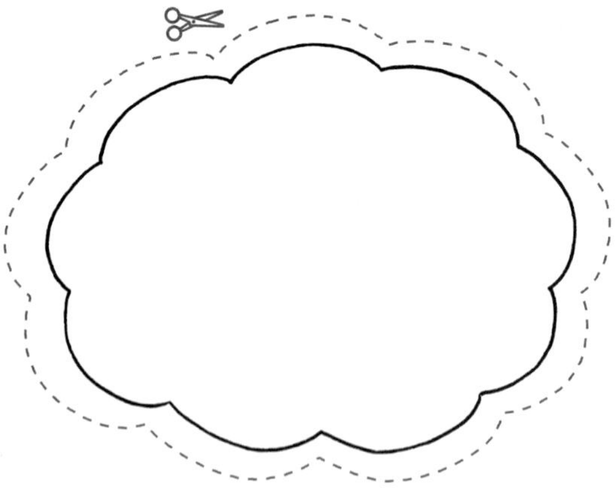

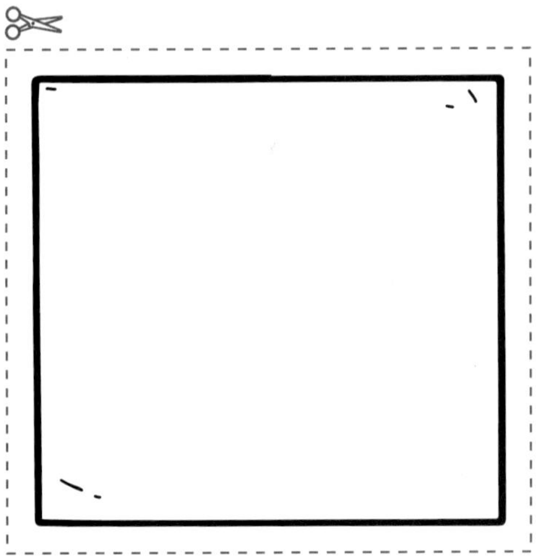

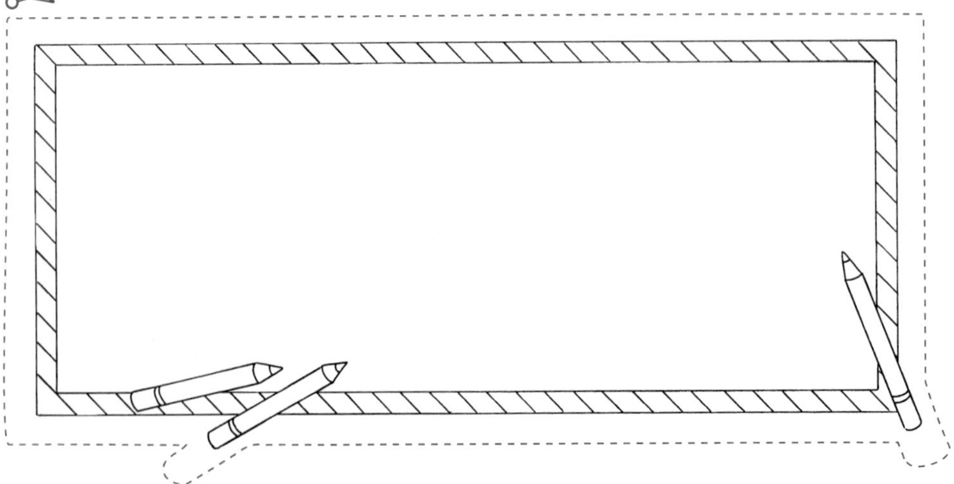

Erdaltertum bis Erdneuzeit: Entstehung des Lebens auf der Erde

Vor etwa 4,5 Milliarden Jahren entstand die Erde. Damals war die Erdoberfläche mit heißem Magma bedeckt. Bis die Erde aussah, wie man sie heute kennt, mit ihren Kontinenten und Meeren, dauerte es viele Millionen Jahre. Auch die heutige Tier- und Pflanzenwelt musste sich erst entwickeln, wobei viele Pflanzen und Tiere ausstarben und heute gar nicht mehr existieren.

**1** *Male in den Kreis rechts ein Bild, wie du dir die Erde vor 4,5 Milliarden Jahren vorstellst.*

Man muss ins Erdaltertum (etwa vor 550 Millionen Jahren) reisen, um erstes Leben im Wasser entdecken zu können. Die Pflanzen besiedelten als Erstes das Land. Amphibien waren die ersten Tiere, die sich an das Leben an Land und im Wasser anpassten. Sie stellten ihre Atmung von der Kiemen- auf die Lungenatmung um. Ihre Flossen entwickelten sich zu Gliedmaßen, damit sie sich besser an Land fortbewegen konnten, und auch ihre Haut passte sich an.

**2** *Unterstreiche im Text oben, wie sich die Tiere an das Leben an Land anpassen mussten.*

Im Zeitraum des Erdmittelalters (etwa vor 250 Millionen Jahren) lebten die Dinosaurier. Sie besiedelten die Erde ungefähr 200 Millionen Jahre lang, bis sie durch einen Meteoriteneinschlag ausstarben. Darauf folgte die Erdneuzeit (etwa vor 65 Millionen Jahren), die bis heute andauert. Wie lange es den Menschen gibt, können die Wissenschaftler trotz moderner Untersuchungsmethoden nicht mit Sicherheit sagen. Sie gehen davon aus, dass sich vor 4–5 Millionen Jahren die ersten Vormenschen entwickelten.

**3** *Wir können heute keine Dinosaurier mehr beobachten. Woher wissen Wissenschaftler also, wie die Dinosaurier aussahen?*

Wir wissen, wie Dinosaurier aussahen, weil ... ______________________

______________________________________________

______________________________________________.

**Plakataufgaben:**

1. Gestaltet auf eurem Plakat einen Weg, der die Entwicklung vom Urknall bis zur Entstehung der Menschen darstellt.
2. Unterteilt den Weg in die Abschnitte Erdaltertum, Erdmittelalter und Erdneuzeit.
3. Malt typische Tiere und Pflanzen in die Abschnitte.

# Entwicklung vom Affen zum Homo sapiens sapiens

Nimmt man die Entwicklung der Menschen unter die Lupe, stellt diese nur einen kleinen Abschnitt in der Geschichte unserer Erde dar. Ungefähr 4,4 Millionen Jahre vor Christi Geburt entwickelten sich die ersten Vormenschen aus den Menschenaffen. Sie lebten wie ihre Vorfahren noch auf Bäumen. Erst schrittweise eigneten sie sich einen aufrechten Gang an. Funde zeigen, dass sie erstmals Steine und Holz für die Jagd verwendeten.

**1** *Welche Bedeutung haben die Abkürzungen? Verbinde, was zusammenpasst.*

| | |
|---|---|
| v. Chr. | alle Ereignisse, die nach der Geburt Christi stattgefunden haben |
| n. Chr. | alle Ereignisse, die vor der Geburt Christi stattgefunden haben |

Aus den ersten Vormenschen entwickelten sich 2,5 Mio. v. Chr. die Frühmenschen, die auch als Homo habilis bezeichnet werden. Diese hatten ein größeres Hirnvolumen als ihre Vorfahren. Danach verbreitete sich der Homo erectus (aufgerichteter Mensch) ca. 2 Mio. v. Chr. Durch verbesserte Jagdtechniken gelang es ihm, auch größere Tiere zu erlegen und sich besser vor Angriffen zu schützen.

Aus dem Homo erectus entwickelten sich der Homo sapiens sapiens und der Homo neanderthalensis, welcher sich während der letzten Eiszeit in Europa ausbreitete. Der Homo sapiens sapiens drang erst viel später nach Europa vor und verdrängte dort wahrscheinlich den Neandertaler. Der Homo sapiens sapiens ist damit unser direkter Vorfahre.

**2** *Unterstreiche die Eigenschaften der verschiedenen Menschengruppen in verschiedenen Farben.*

**3** *Stelle unten die Entwicklung des Menschen mithilfe der genannten Bezeichnungen dar.*

____________ → ____________ ↗ ____________ → heutige Menschen
↘ ____________

**Plakataufgaben:**

1. Gestaltet die Teilüberschrift „Altsteinzeit" auf eurem Plakat und fügt die passenden Zeitangaben hinzu.
2. Schneidet die Plakatkarte aus, klebt sie auf euer Plakat und beschriftet sie mit den Fachbegriffen aus dem Text: Homo habilis, Homo erectus, Homo neanderthalensis, Homo sapiens sapiens.

Die Neandertaler lebten in Europa und Asien, wo zu der Zeit die Eiszeit herrschte. Um sich vor der Kälte zu schützen, lebten sie in Höhlen und wärmten diese mit Feuer.

**1** *Male in den Rahmen rechts ein Bild, wie du dir das Leben in den Höhlen damals vorstellst.*

Die ersten Knochenfunde waren in der Nähe von Düsseldorf im Neandertal, woher die Neandertaler auch ihren Namen bekommen haben. Sie lebten dort etwa 150 000–30 000 v. Chr.

**2** *Finde im Suchrätsel die Wörter, die du in die Lücken einsetzen kannst.*

Die Neandertaler waren ungefähr 1,60 _______ groß, hatten ein ___________ Gebiss, ein großes Gehirn und waren ________________ als ihre Verwandten in Afrika. Die Stirn war ______________ und über den Augen hatten sie kleine _______________ wulste.

| | | | | | | | | | | | |
|---|---|---|---|---|---|---|---|---|---|---|---|
| G | H | J | T | J | A | M | C | K | L | B | Q |
| G | Q | M | J | Z | U | T | P | N | W | T | S |
| H | K | R | I | C | T | M | L | O | M | B | V |
| F | R | J | O | C | M | X | P | C | W | U | L |
| G | A | I | D | W | S | U | H | H | X | F | F |
| C | E | P | Q | S | B | M | Y | E | G | L | N |
| Q | F | E | D | T | K | E | Q | N | J | A | V |
| N | T | J | I | A | U | T | T | W | J | C | K |
| P | I | L | D | R | M | E | S | U | P | H | L |
| O | G | Y | Z | K | D | R | U | K | X | X | Q |
| K | E | K | D | E | B | C | F | S | D | R | O |
| U | R | J | I | S | O | I | Q | T | G | R | W |

Auch wenn der Neandertaler für die damalige Zeit sehr weit entwickelt war, ist er nicht unser direkter Vorfahre. Ob er von den Homo sapiens sapiens verdrängt wurde, ausgestorben ist oder sie sich vermischten, kann heute nicht mit Sicherheit gesagt werden. Vor 30 000 Jahren ging die Ära der Neandertaler zu Ende.

**3** *Ein Mitschüler behauptet, die Neandertaler seien unsere direkten Vorfahren. Stimmt diese Aussage? Begründe deine Antwort.*

Das stimmt (nicht), weil ... ______________________________________

______________________________________

______________________________________.

**Plakataufgaben:**

1. Erstellt einen Steckbrief über den Neandertaler. Ihr könnt auch den vorgegebenen Steckbrief (Plakatkarten) verwenden.
2. Klebt den Steckbrief zusammen mit einem Bild auf euer Plakat.

Mit dem Ende der Eiszeit änderten sich die Lebensbedingungen. Die Epoche der Jungsteinzeit brach an. Das Klima änderte sich, es wurde wärmer und der Schnee und das Eis tauten. Dadurch konnten die Pflanzen wieder besser wachsen und die Tiere mussten nicht mehr weite Strecken zurücklegen, um Nahrung zu finden.
In der Altsteinzeit waren die Menschen durch die Nahrungsknappheit noch auf ihr Nomadenleben angewiesen und zogen der Nahrung nach durch das Land. Mit dem Ende der Eiszeit stieg das Nahrungsangebot auch für die Menschen, wodurch sie länger an einem Ort blieben und sesshaft wurden.

1 *Beende die Sätze sinnvoll mithilfe der Informationen aus dem Text.*

| Altsteinzeit | Jungsteinzeit |
|---|---|
| Wir leben als Nomaden, weil ... | Wir werden sesshaft, weil ... |
| ______________________________ | ______________________________ |
| ______________________________ | ______________________________ |
| ______________________________ | ______________________________ |
| ______________________________. | ______________________________. |

Die Menschen bauten Hütten und entwickelten neue Techniken zur Beschaffung und Lagerung von Nahrung. Sie lernten, Tiere zu zähmen und betrieben erstmals Viehzucht. Die Menschen entdeckten Getreide als Nahrungsmittel und lernten, es anzubauen. Viele Getreidesorten werden heute noch gegessen. Es entstanden die ersten kleinen Siedlungen, in denen viele Menschen dauerhaft zusammen an einem Ort lebten.

2 *Kreuze an, ob die Aussagen über das Leben in der Jungsteinzeit richtig oder falsch sind.*

| Aussage | richtig | falsch |
|---|---|---|
| Die Menschen lebten in einfachen Hütten. | | |
| Die Menschen zogen mit den Tieren durch das Land. | | |
| Die Menschen lernten, ihr Getreide zu lagern. | | |
| Die Menschen hielten Tiere und hatten dadurch immer Nahrung zur Verfügung. | | |

**Plakataufgaben:**

1. Gestaltet die Teilüberschrift „Jungsteinzeit" mit den passenden Zeitangaben.
2. Schneidet die Plakatkarte aus und klebt sie auf euer Plakat.
3. Beschreibt mithilfe von Sprechblasen etc., die ihr neben das Bild klebt, was sich am Leben in der Jungsteinzeit geändert hat. Geht dabei auf die Sesshaftigkeit und die Art der Nahrungsbeschaffung ein.

Zwei Wanderer entdeckten 1991 in den Ötztaler Alpen eine männliche Leiche im Gletschereis. Die Polizei ging zunächst davon aus, dass es sich um einen verunglückten Wanderer handelt. Die Untersuchungen ergaben dann jedoch, dass der Mann in der Jungsteinzeit vor über 5000 Jahren gelebt hat.

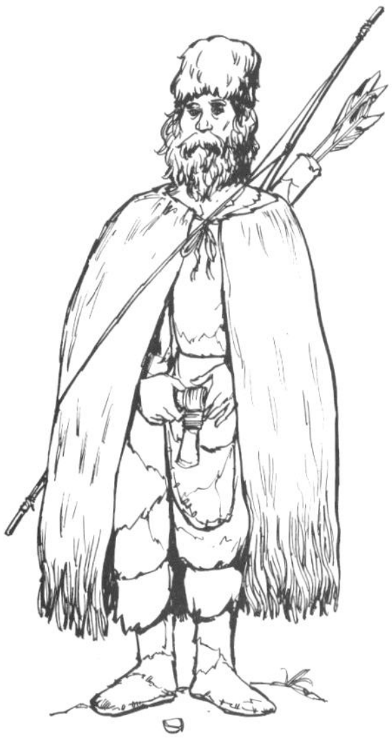

**1** *Überlege, warum man dem Mann aus dem Eis den Namen „Ötzi" gab.*

________________________________________

________________________________________

________________________________________.

Das Besondere an Ötzi ist, dass er als Mumie gefunden wurde. Das bedeutet, der ganze Körper war mit Haut und Haaren erhalten. Sogar seine Kleidung und Werkzeuge fand man im Eis. Dadurch wissen die Wissenschaftler, wie groß er war und wie er ausgesehen hat. Er war ungefähr 1,60 Meter groß und trug Kleidung aus Tierfellen, Leder und Pflanzenfasern. Sein Alter schätzt man auf ungefähr 45 Jahre. Sogar seine letzte Mahlzeit fanden die Wissenschaftler in seinem Magen. Er aß wohl Hirschfleisch und Gemüse.

**2** *Die Abbildung zeigt das Beil, das Ötzi mit sich trug. Beschrifte, aus welchen Materialien die einzelnen Teile sein könnten.*

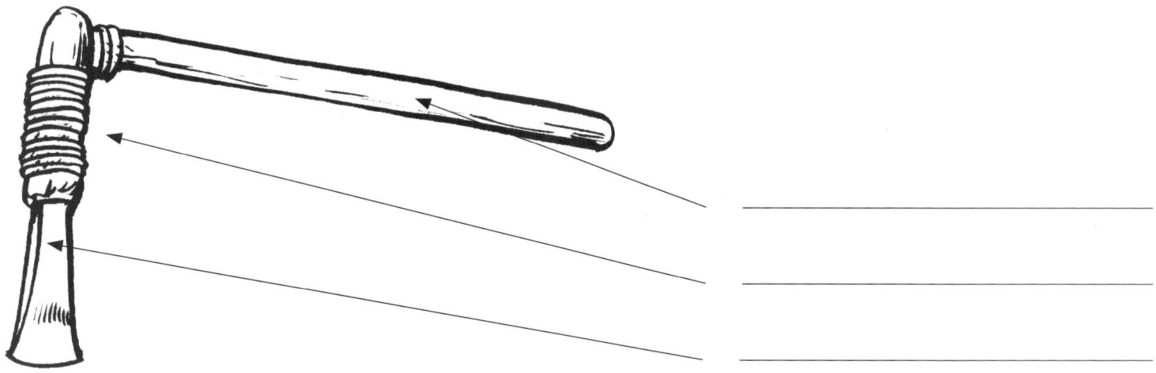

**3** *Überlege, wofür er dieses Werkzeug gebraucht haben könnte.*

________________________________________

________________________________________

________________________________________.

**Plakataufgaben:**

1. Erstellt einen Steckbrief über Ötzi. Ihr könnt auch den vorgegebenen Steckbrief (Plakatkarten) verwenden.
2. Klebt ein Bild oder eine selbst gestaltete Zeichnung von Ötzi neben den Steckbrief.

In der Jungsteinzeit gab es noch keine Handys und Kameras, man konnte keine Fotos machen oder Ereignisse notieren. Woher weiß man heute also, wie die Menschen damals lebten, aussahen und was sie aßen? Archäologen, die Wissenschaftler des Altertums, erforschen das Leben der Vergangenheit und die Entwicklung der Menschen, Tiere und Pflanzen.
Bei Bauarbeiten oder Grabungen tauchen in tieferen Erdschichten immer wieder Knochen, Gefäße, Werkzeuge oder Baumaterialien auf. Je tiefer die Fundstücke ausgegraben werden, desto älter sind sie.

**1** *Benenne jeweils die Funde auf der linken Seite neben den Bildern. Funde aus der Metallzeit sind hier ebenfalls abgebildet.*

______________________

______________________

Altsteinzeit

______________________

______________________

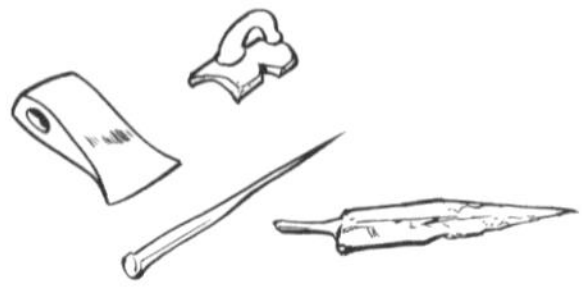

Jungsteinzeit

______________________

______________________

______________________

______________________

Metallzeit

Die Archäologen müssen bei ihrer Arbeit sehr vorsichtig vorgehen, damit sie die kostbaren Fundstücke nicht zerstören. Diese werden ganz genau untersucht, um Aussagen über deren Alter treffen zu können.

**2** *Die Schritte einer Ausgrabung sind durcheinandergeraten. Nummeriere sie der Reihenfolge nach.*

- ☐ Fundstücke sichern (vor dem Verfall schützen, nummerieren)
- ☐ Fundstelle absperren
- ☐ Fundstücke am Fundort dokumentieren (fotografieren oder zeichnen)
- ☐ Fundstücke schrittweise mit Werkzeugen ausgraben
- ☐ Fundstücke erklären und zeitlich einordnen

**Plakataufgaben:**

1. Gestaltet die Teilüberschrift „Forscher der Vergangenheit".
2. Erstellt eine Berufsbeschreibung für den Beruf des Archäologen mit dessen Tätigkeiten.

**Entwicklung vom Affen zum Homo sapiens sapiens**

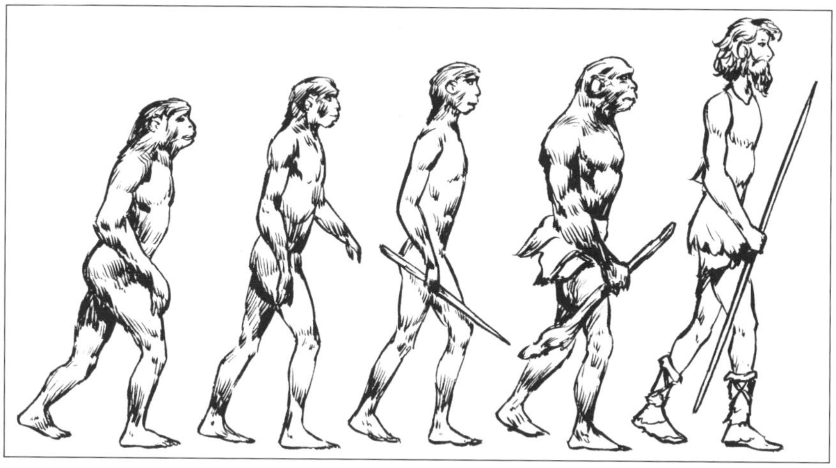

**Die Jungsteinzeit: Lebensbedingungen und Sesshaftigkeit**

**Vorlage für einen Steckbrief:**

______________________________

**Wann habe ich gelebt?**

______________________________.

**Wie habe ich mich ernährt?**

______________________________

______________________________.

**Wo habe ich gelebt?**

______________________________.

**Was musst du noch über mich wissen?**

______________________________

______________________________.

**So in etwa könnte das Lernplakat aussehen:**

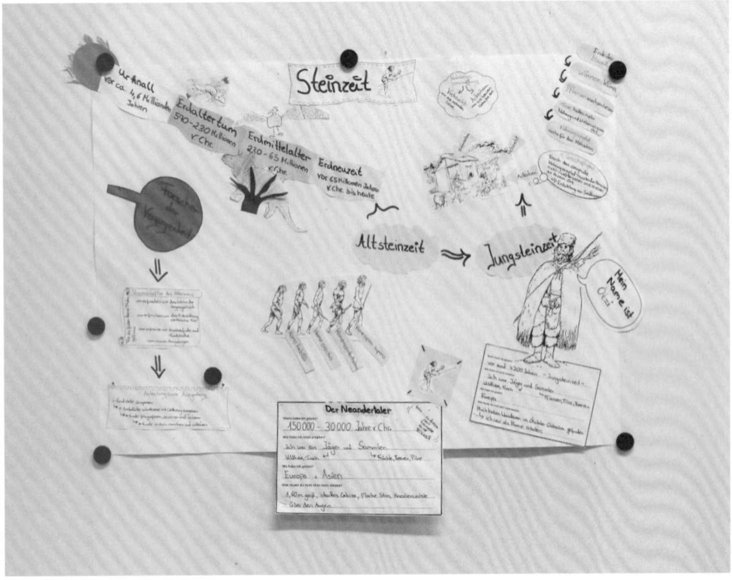


Über diesen QR-Code
ist das Foto farbig abrufbar:

### Erdaltertum bis Erdneuzeit: Entstehung des Lebens auf der Erde

1 individuelle Lösung (Bild)
2 Amphibien, Land und Wasser, Kiemenatmung → Lungenatmung, Flossen → Gliedmaßen, Haut
3 Wir wissen, wie Dinosaurier aussahen, weil wir Überreste (Fossilien) von Dinosauriern, wie zum Beispiel Knochen, genauer untersuchen. Mit den Knochen kann man die Größe ermitteln oder ganze Skelette nachbauen.

### Entwicklung vom Affen zum Homo sapiens sapiens

1 v. Chr. → alle Ereignisse, die vor der Geburt Christi stattgefunden haben
n. Chr. → alle Ereignisse, die nach der Geburt Christi stattgefunden haben
2 Vormenschen: Leben auf Bäumen, Jagdwerkzeuge aus Steinen und Holz, schrittweise aufrechter Gang
Homo habilis: größeres Hirnvolumen
Homo erectus: verbesserte Jagdtechniken, aufgerichteter Mensch
Homo neanderthalensis: breitete sich in Europa aus
Homo sapiens sapiens: verdrängte wahrscheinlich Neandertaler, unser direkter Vorfahre
3
Homo habilis → Homo erectus ↗ Homo sapiens sapiens → heutige Menschen
Homo habilis → Homo erectus ↘ Homo neanderthalensis

### Die Altsteinzeit: Der Neandertaler in Europa

1 individuelle Lösung (Bild)
2 Reihenfolge: Meter, starkes, kraeftiger, flach, Knochen

| | | | | | | | | | | | |
|---|---|---|---|---|---|---|---|---|---|---|---|
| G | H | J | T | J | A | M | C | K | L | B | Q |
| G | Q | M | J | Z | U | T | P | N | W | T | S |
| H | K | R | I | C | T | M | L | O | M | B | V |
| F | R | J | O | C | M | X | P | C | W | U | L |
| G | A | I | D | W | S | U | H | H | X | F | F |
| C | E | P | Q | S | B | M | Y | E | G | L | N |
| Q | F | E | D | T | K | E | Q | N | J | A | V |
| N | T | J | I | A | U | T | T | W | J | C | K |
| P | I | L | D | R | M | E | S | U | P | H | L |
| O | G | Y | Z | K | D | R | U | K | X | X | Q |
| K | E | K | D | E | B | C | F | S | D | R | O |
| U | R | J | I | S | O | I | Q | T | G | R | W |

**3** Das stimmt nicht, weil sie sich parallel in unterschiedlichen Regionen entwickelt haben. Bis heute ist noch unklar, wie es dazu kam, dass die Neandertaler ausstarben.

**Die Jungsteinzeit: Lebensbedingungen und Sesshaftigkeit**

**1** Altsteinzeit: Wir leben als Nomaden, weil wir sonst nicht genug Nahrung finden.
Jungsteinzeit: Wir werden sesshaft, weil es an einem Platz viel Nahrung, wie Pflanzen oder Tiere, gibt.

**2**

| Aussage | richtig | falsch |
|---|---|---|
| Die Menschen lebten in einfachen Hütten. | X | |
| Die Menschen zogen mit den Tieren durch das Land. | | X |
| Die Menschen lernten, ihr Getreide zu lagern. | X | |
| Die Menschen hielten Tiere und hatten dadurch immer Nahrung zur Verfügung. | X | |

**Ötzi – der Mann aus der Jungsteinzeit**

**1** Er hat den Namen bekommen, weil er in den Ötztaler Alpen gefunden wurde.

**2**

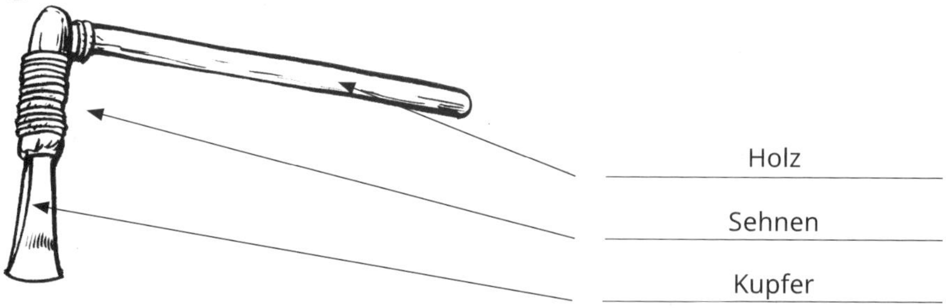


**3** Er könnte dieses Beil als Waffe gegen Feinde oder Tiere oder als Werkzeug, zum Beispiel zum Zerkleinern, gebraucht haben.

**Spuren aus der Vergangenheit: Archäologen ermitteln**

**1**

Knochen
einfache Werkzeuge

Altsteinzeit

Werkzeuge
Baumaterialien

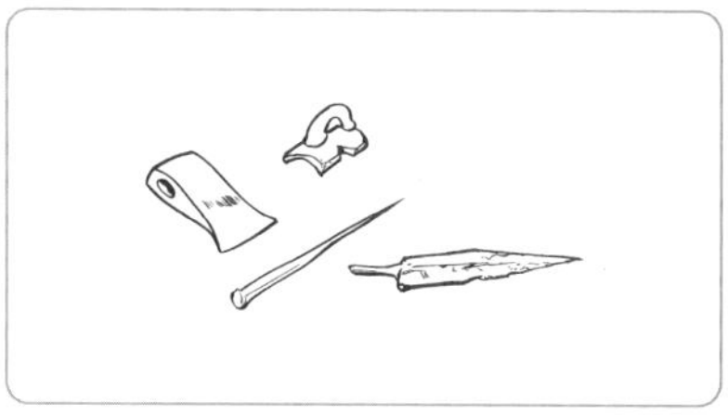

Jungsteinzeit

Knochen
Werkzeuge
Gefäße
Schmuck

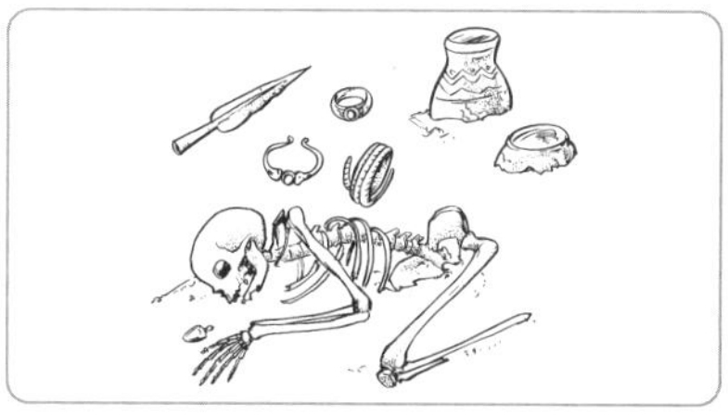

Metallzeit

**2** 1. Fundstelle absperren → 2. Fundstücke schrittweise mit Werkzeugen ausgraben → 3. Fundstücke am Fundort dokumentieren (fotografieren oder zeichnen) → 4. Fundstücke sichern (vor dem Verfall schützen, nummerieren) → 5. Fundstücke erklären und zeitlich einordnen

Entwicklung der Lebensbedingungen: Vom Nomaden zum sesshaften Menschen

Die Lebensbedingungen änderten sich in der Geschichte der Menschen immer wieder. Es gab kältere und wärmere Phasen, an die sich die Menschen anpassen mussten. Während der Eiszeit wurden große Teile Europas von einem dicken Schnee- und Eispanzer überdeckt. Während der Warmphasen wurde das Klima wärmer und das Eis schmolz.

*Aufgabe: Male alle Kästchen, die die Lebensbedingungen in einer Kaltphase beschreiben, blau an, und alle Kästchen, die zur Warmphase passen, rot.*

Es gab nur kleine Pflanzen, Flechten und Moose.

Das Nahrungsangebot für Tiere war groß.

Warme Sommer brachten das Eis zum Schmelzen.

Die Winter waren schneereich und sehr kalt.

Es gab Wälder und Wiesen.

Die Sommer waren kurz und kühl.

Tiere mussten weiterziehen, um Nahrung zu finden.

Das Leben in Kaltphasen war sehr mühsam und der Alltag in der Altsteinzeit war durch die Suche nach Nahrung und dem Schutz vor gefährlichen Tieren bestimmt. Die Menschen führten ein Nomadenleben und zogen mit den Tieren weiter, wenn es in einem Gebiet keine Nahrung mehr gab. Nomaden sind Menschen ohne dauerhaften Wohnsitz, die nur kurz an einem Ort bleiben.
Als die letzte Eiszeit endete, stieg das Nahrungsangebot. In der Jungsteinzeit lernten die Menschen, die überschüssige Nahrung zu lagern, sodass sie auch in kälteren Monaten genug zu essen hatten. Sie wurden sesshaft, das bedeutet, sie blieben an einem Ort.

**Plakataufgaben:**

1. Unterteilt euer Plakat kreativ in drei Teile (z. B. einen Weg).
2. Beschriftet jeweils einen Teil mit „Altsteinzeit", „Jungsteinzeit" und „Metallzeit".
3. Schneidet die beiden Abbildungen (Plakatkarten) aus und ordnet sie jeweils dem richtigen Zeitabschnitt auf eurem Plakat zu. Klebt sie anschließend auf.
4. Füllt dann die Sprechblasen (Plakatkarten) aus und klebt sie neben die Bilder.

Die Ernährung: Vom Jäger und Sammler zum Bauern

Die Suche nach Nahrung war die Hauptaufgabe der Menschen in der Steinzeit. In der Altsteinzeit war diese Aufgabe sehr beschwerlich, da das Nahrungsangebot aufgrund der Eiszeit nicht groß war. Es wuchsen nur kleine Pflanzen und die Tiere zogen auf der Suche nach Essbarem immer weiter. Einen großen Teil ihrer Nahrung sammelten die Menschen in der Altsteinzeit.

**1** *Nenne fünf essbare Dinge, die die Menschen im Wald sammelten.*

______________________________________________

**2** *Im folgenden Text haben sich drei Fehler eingeschlichen. Streiche die falschen Wörter durch.*

Mithilfe von einfachen Waffen wie Speeren und Motorsägen aus Holz und Stein gingen die Menschen auf die Jagd. Ein erbeutetes Tier sicherte die Ernährung für mehrere Jahre. Die Jagd war aber schwierig und stellte oft eine Gefahr für die Jäger da. Die Menschen in der Altsteinzeit jagten in Gruppen, um das Tier effektiver umzingeln zu können, aber auch um weniger gefährdet zu sein. Sie erbeuteten Mammuts, Rehe und Dinosaurier. Deshalb werden sie auch als Jäger und Sammler bezeichnet.

**3** *Setze folgende Begriffe in den Lückentext ein:*

*Ackerbau • Hütten • Viehzucht • Winter • sesshaft • Nahrung*

Als die letzte Eiszeit endete, änderten sich die Lebensbedingungen. Die Tiere fanden wieder mehr ________________ und zogen nicht mehr weiter. Den Menschen gelang es, wilde Tiere zu zähmen, sodass sie nicht mehr auf die Jagd angewiesen waren. Sie betrieben erstmals ________________. Weizen und andere Getreidesorten breiteten sich aus und die Menschen lernten, die Pflanzen anzubauen. Es entstand der ________________. Sie lagerten die überschüssige Nahrung und sicherten so auch im ____________ ihre Ernährung. Durch die neuen Lebensbedingungen blieben die Menschen an einem Ort und bauten sich dort ________________, die sie vor den Tieren und schlechtem Wetter schützten. Sie wurden ______________.

**Plakataufgaben:**

1. Stellt euch vor, einer von euch lebt in der Altsteinzeit und der andere in der Jungsteinzeit. Schreibt jeweils einen Essensplan für einen Tag und klebt ihn zum passenden Zeitabschnitt auf eurem Plakat.
2. Erklärt in Sprechblasen, wie ihr die Nahrung gefunden habt.

Werkzeuge in der Alt- und Jungsteinzeit: Vom Faustkeil zum Beil

Wie der Name Steinzeit vermuten lässt, nutzten die Menschen damals hauptsächlich Steine als Material für ihre Werkzeuge. Sie stellten aus Steinen Messer, Dolche und Pfeilspitzen her. Holz verwendeten sie für die Herstellung von Pfeilen und Speeren, wobei diese durch Tiersehnen zusammengehalten wurden. Aus Knochen und Zähnen machten sie Nadeln und spitze Harpunen für die Jagd. Tierfelle schützten sie vor der Kälte und dienten als Kleidung.

**1** *Vergleiche ein Steinzeitmesser mit unseren heutigen Messern. Welche zwei Unterschiede fallen dir auf?*

_______________________________________________.

Die Menschen erkannten, dass es unterschiedlich harte Steine gab. Häufig nutzten sie den Feuerstein, den sie gut bearbeiten konnten. Das wohl älteste Werkzeug aus dieser Zeit ist der Faustkeil. Er ist birnenförmig und besitzt scharfe Kanten. Dieser konnte vielfältig eingesetzt werden.

**2** *Betrachte das Bild und überlege dir drei Tätigkeiten, bei denen der Faustkeil zum Einsatz kam.*

_______________________________________________

_______________________________________________.

Die Menschen verbesserten ihre Techniken mit der Zeit, sodass die Werkzeuge immer ausgefeilter und stabiler wurden. Eine wichtige Erfindung in der Steinzeit war die Steinbohrmaschine. Mithilfe dieser konnten die Menschen Löcher in einen Stein bohren – die erste steinzeitliche Axt entstand. Die neuen Werkzeuge verbesserten den Jagderfolg. Weiterhin konnte das Material für den Bau von Hütten in der Jungsteinzeit leichter verarbeitet werden.

**3** *Beschreibe anhand des Bildes, wie die Steinbohrmaschine funktioniert.*

_______________________________________________

_______________________________________________

_______________________________________________

_______________________________________________

_______________________________________________.

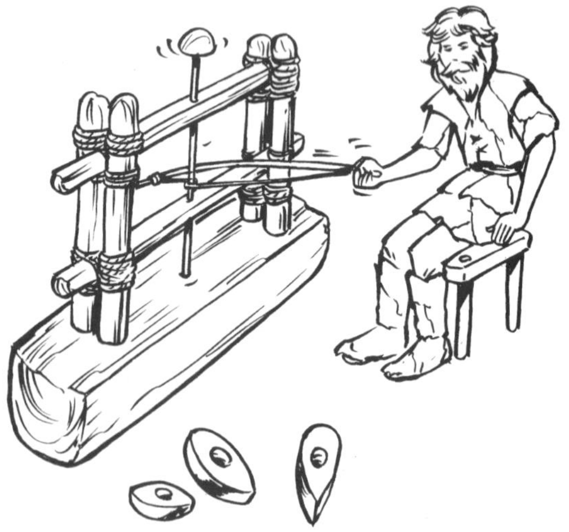

**Plakataufgaben:**

1. Schreibt eine Bauanleitung für eine Steinzeitaxt. Nennt dabei alle Materialien, die ihr benötigt und beschreibt Schritt für Schritt, wie ihr vorgehen würdet.
2. Klebt die Bauanleitung mit dem Bild (Plakatkarten) zum Zeitabschnitt „Altsteinzeit“.

Werkzeuge in der Metallzeit: Entdeckung eines neuen Materials

**1** *Nenne drei Gegenstände aus Metall, die die Steinzeitmenschen verwendeten und du heute noch verwendest.*

______________________________________________.

Die Metallzeit trägt ihren Namen durch die Entdeckung von Metallen im Gestein. Steine, in denen man Metalle findet, bezeichnet man als Erze. Werkzeuge aus Metall waren ein großer Fortschritt, weil sie deutlich haltbarer als solche aus Holz und Stein waren. Mit der Zeit entwickelten die Menschen immer ausgefeiltere Techniken, um solche Werkzeuge herzustellen. Sie bemerkten, dass, wenn sie die Metalle mischten (Legierung), diese deutlich stabiler waren. Bronze ist beispielsweise eine Legierung aus Kupfer und Zinn. In der Bronzezeit wurden viele Werkzeuge und Schmuckstücke aus Bronze hergestellt. Daran schloss die Eisenzeit an, in der das deutlich härtere Metall Eisen verwendet wurde.

**2** *Kreuze an, ob die Aussagen über die Metallzeit richtig oder falsch sind.*

| **Aussage** | **richtig** | **falsch** |
|---|---|---|
| Die Metallzeit hat ihren Namen bekommen, weil die Meschen Metalle in Pflanzen entdeckten und diese nutzten. | | |
| Die Menschen stellten Werkzeuge und Schmuckstücke aus Metall her. | | |
| Metalle werden auch als Erze bezeichnet. | | |

Die Verarbeitung von Metallen war ein aufwändiger Prozess. Zunächst mussten die Gesteine unter der Erde abgebaut und dann nach oben transportiert werden.

**3** *Ordne den Bildern die Erklärungen zu und nummeriere diese in der richtigen Reihenfolge.*

| | |
|---|---|
| | Der Schmelzofen wird mit Feuer erhitzt. Mithilfe eines Blasebalgs wird Luft in den Ofen geblasen, um die Hitze konstant zu halten. |
| | Das flüssige Metall wird in eine Gussform gegeben und erkaltet. |
| | Ab 1100 °C schmelzen Metalle im Gestein und fließen aus dem Schmelzofen. |
| | Das feste Werkstück wird aus der Gussform genommen und geschliffen. |
| | Die Gesteinsbrocken werden zerkleinert, damit sie besser weiterverarbeitet werden können. |

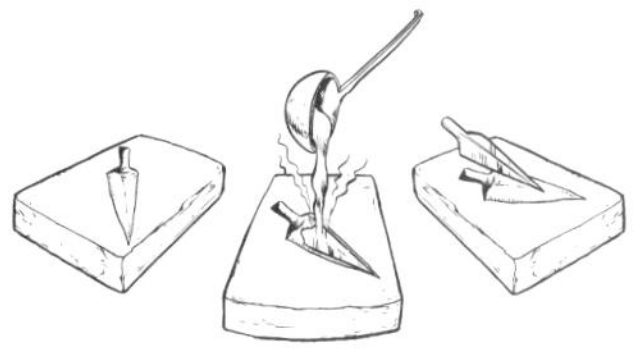

**Plakataufgaben:**

Schneidet die Bilder (oder andere) aus und erklärt schrittweise die Herstellung eines Speers aus Metall. Beginnt beim Abbau der Erze aus dem Felsen.

Um ca. 30 000 v. Chr. entstanden die ersten Höhlenmalereien. Die Menschen hatten nicht wie heute einen Malkasten, sondern stellten Farben aus Naturmaterialien selbst her.

**1** *Überlege dir, welche Farben man aus den folgenden Naturmaterialien herstellen kann.*

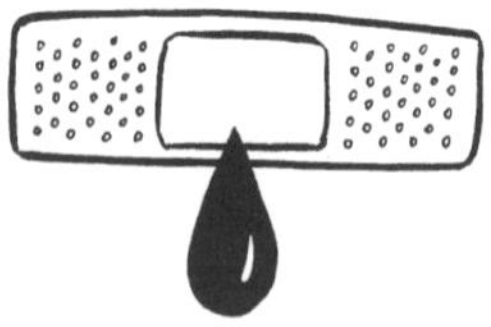

Die Künstler aus der Steinzeit malten hauptsächlich Zeichen und Abbildungen von Tieren an die Wände von Höhlen. Der Grund für diese Malereien ist heute noch ein Rätsel. Ob sie mit den Zeichnungen von ihren Taten erzählen wollten, darüber kommunizierten, ihre Unterschlüpfe verzierten oder damit Götter um ein Jagdglück anbeteten, sind alles Vermutungen.

**2** *Unterstreiche im Text die Vermutungen, warum die Menschen Höhlenmalereien erstellt haben.*

In einigen Höhlen kann man diese Malereien immer noch bewundern. Im heutigen Nordspanien wurden hunderte Höhlenzeichnungen entdeckt. Eine davon (aus der Höhle von Altamira) kannst du auf dem folgenden Bild erkennen.

**3** *Betrachte die Höhlenmalerei genauer. Schreibe deine Vermutung, was der Künstler mit der Zeichnung darstellen wollte, in die Sprechblase.*

akg-images / World History Archive

**Plakataufgaben:**

1. Malt eine Höhlenmalerei auf euer Plakat.
2. Beschreibt in einer Sprechblase oder einem Rahmen, was man darauf sieht.
3. Beschreibt in einem Rahmen, mit welchen Materialien die Steinzeitmenschen gemalt haben.

Aufbruch in ein neues Leben: Entstehung von Berufen

In der Jungsteinzeit begannen die Menschen Ackerbau und Viehzucht zu betreiben. Dadurch konnten sie ihre tägliche Ernährung sichern und Vorräte anlegen. Mit der Zeit spezialisierten sie sich immer mehr. Eine Familie betrieb beispielsweise Ackerbau, eine weitere Familie Viehzucht und sie begannen ihre Waren gegenseitig zu tauschen.
Während der Metallzeit wurde die Spezialisierung der Menschen auf bestimmte Bereiche immer weiter vorangetrieben. So entstanden die ersten Berufe. Ein geschickter Schmied konzentrierte sich zum Beispiel auf die Herstellung von Werkzeugen und konnte diese dann gegen Nahrungsmittel der Bauern eintauschen.

**1** *Betrachte die Waren und ordne den Häusern den richtigen Beruf zu.*

*Bauer • Bergmann • Weber • Schmied • Bronzegießer • Händler • Töpfer*

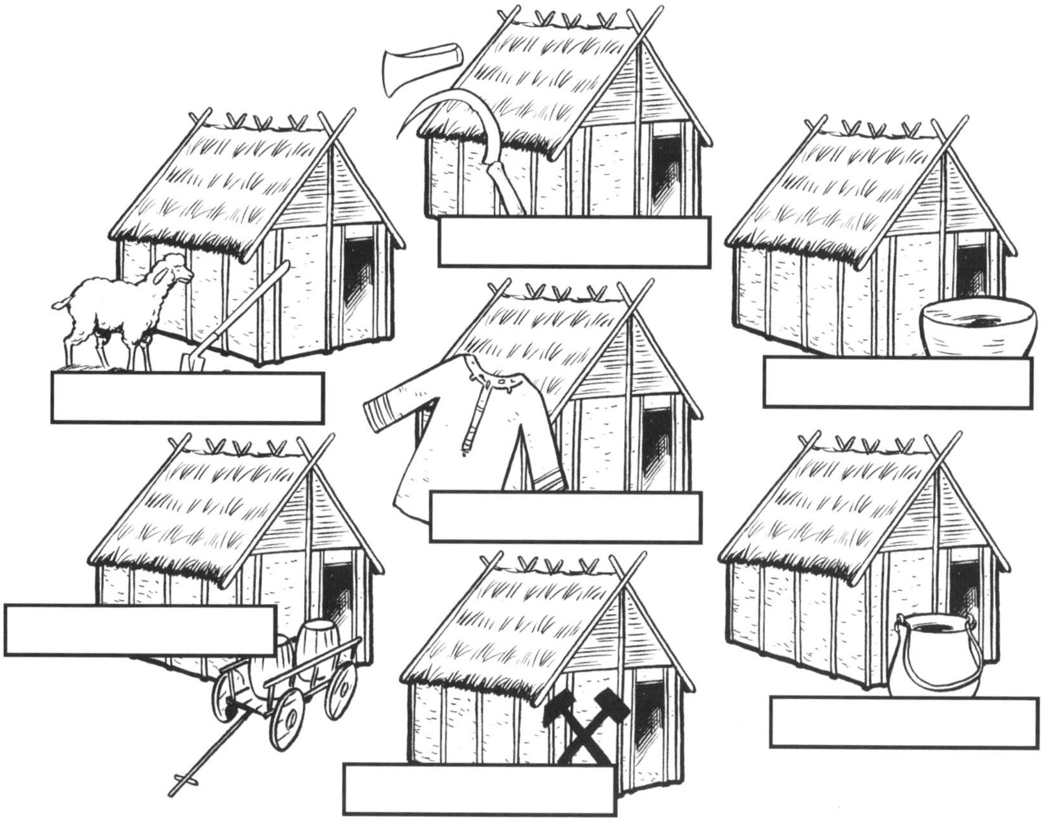

In dieser Zeit entwickelte sich ein Handelssystem, das weit über die Dorfgrenze reichte. Es gab Händler, die weite Wege auf sich nahmen, um Waren zu kaufen und dann wieder zu verkaufen. Die Erze im Boden fanden sich nicht in allen Gegenden, sodass diese zu einem wichtigen Tauschgut wurden.
Über die Händler breiteten sich neue Erfindungen aus. Die Menschen tauschten sich mit ihnen über ihre Ideen aus und so wurden diese über die Dorfgrenzen weitergetragen.

**2** *Heute haben wir ein weltweites Handelssystem. Überlege dir drei Nahrungsmittel, die du ohne das Handelssystem heute nicht essen könntest.*

______________________________________________

**Plakataufgaben:**

1. Malt ein Dorf mit mindestens fünf Berufen auf euer Plakat.
2. Erklärt am Beispiel des Dorfes mit Pfeilen und Sprechblasen die Begriffe „Spezialisierung" und „Tauschhandel".

**Entwicklung der Lebensbedingungen: Vom Nomaden zum sesshaften Menschen**

Wir leben als Nomaden, weil ...

______________________________________

______________________________________

______________________________________.

Nomaden sind Menschen, die ...

______________________________________

______________________________________

______________________________________.

Wir werden sesshaft, weil ...

______________________________________

______________________________________

______________________________________.

Sesshaft bedeutet, dass ...

______________________________________

______________________________________

______________________________________.

**Werkzeuge in der Alt- und Jungsteinzeit: Vom Faustkeil zum Beil**

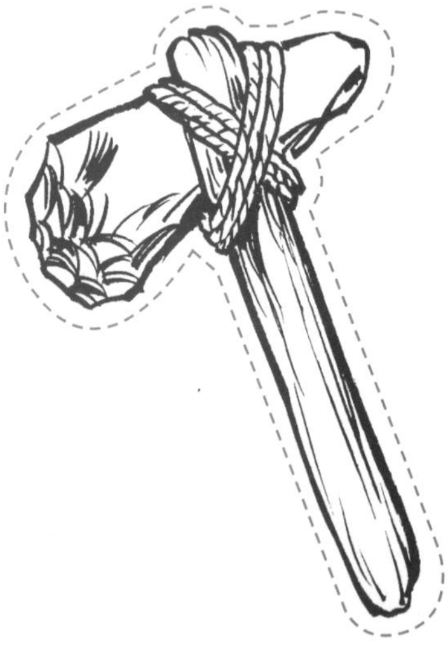

**So in etwa könnte das Lernplakat aussehen:**

Über diesen QR-Code
ist das Foto farbig abrufbar:

**Entwicklung der Lebensbedingungen: Vom Nomaden zum sesshaften Menschen**

Kaltphase (blau):

- Es gab nur kleine Pflanzen, Flechten und Moose.
- Die Winter waren schneereich und sehr kalt.
- Tiere mussten weiterziehen, um Nahrung zu finden.
- Die Sommer waren kurz und kühl.

Warmphase (rot):

- Warme Sommer brachten das Eis zum Schmelzen.
- Das Nahrungsangebot für Tiere war groß.
- Es gab Wälder und Wiesen.

**Die Ernährung: Vom Jäger und Sammler zum Bauern**

1 zum Beispiel: Beeren, Pflanzen, Pilze, Nüsse, Vogeleier
2 falsch: Motorsägen, Jahre, Dinosaurier
3 Reihenfolge: Nahrung, Viehzucht, Ackerbau, Winter, Hütten, sesshaft

**Werkzeuge in der Alt- und Jungsteinzeit: Vom Faustkeil zum Beil**

1 mögliche Unterschiede: Griff, spezialisierte Messer, genauere Verarbeitung
2 mögliche Tätigkeiten: Materialien zuschneiden, Werkzeuge herstellen, Beute zerlegen, Feuer aus Funken herstellen
3 In der Mitte der Vorrichtung ist ein Holzstück mit einer Steinspitze befestigt. Die Steinspitze wird auf den gewünschten Platz für das Loch aufgelegt. Mithilfe der umwickelten Sehnen an dem Holzstück kann dieses sehr schnell gedreht werden. So entsteht das gewünschte Loch.

**Werkzeuge in der Metallzeit: Entdeckung eines neuen Materials**

1 zum Beispiel: Messer, Schmuck, Gefäße
2

| Aussage | richtig | falsch |
|---|---|---|
| Die Metallzeit hat ihren Namen bekommen, weil die Meschen Metalle in Pflanzen entdeckten und diese nutzten. | | X |
| Die Menschen stellten Werkzeuge und Schmuckstücke aus Metall her. | X | |
| Metalle werden auch als Erze bezeichnet. | | X |

3

| | |
|---|---|
| 1 | Die Gesteinsbrocken werden zerkleinert, damit sie besser weiterverarbeitet werden können. |
| 2 | Der Schmelzofen wird mit Feuer erhitzt. Mithilfe eines Blasebalgs wird Luft in den Ofen geblasen, um die Hitze konstant zu halten. |
| 3 | Ab 1100 °C schmelzen Metalle im Gestein und fließen aus dem Schmelzofen. |
| 4 | Das flüssige Metall wird in eine Gussform gegeben und erkaltet. |
| 5 | Das feste Werkstück wird aus der Gussform genommen und geschliffen. |

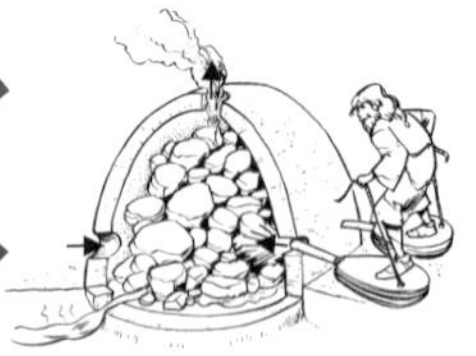

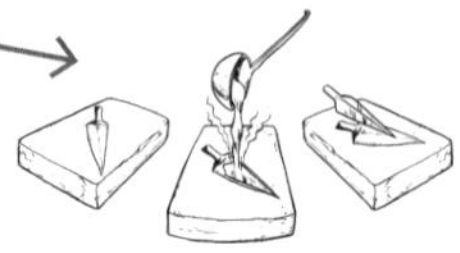

**Kunst in der Steinzeit: Die Höhlenmalerei**

1 Pflanzen → grün; Blut → rot, braun; Holzkohle oder Schlamm → braun, schwarz; Blüte → gelb

2
- von ihren Taten erzählen
- kommunizieren
- Unterschlüpfe verzieren
- Götter um ein Jagdglück anbeten

3 individuelle Lösung

**Aufbruch in ein neues Leben: Entstehung von Berufen**

1 Berufe:

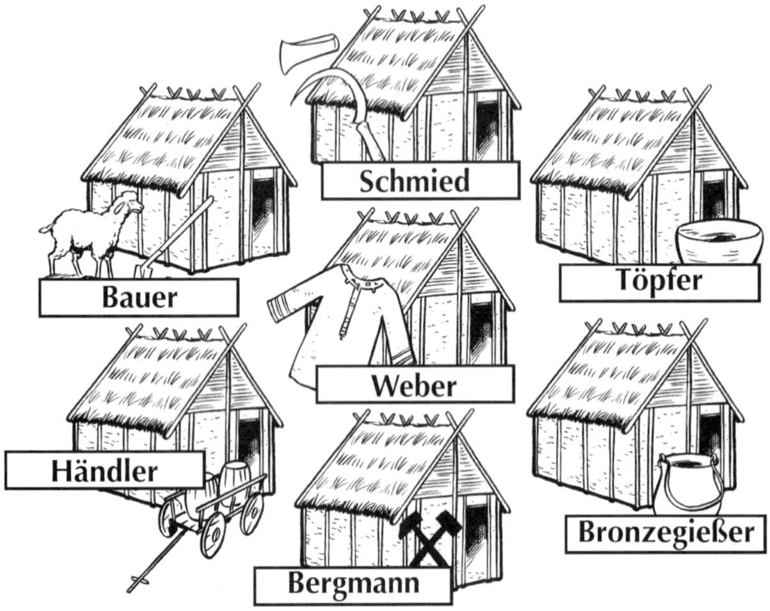


2 zum Beispiel: Reis, Bananen, Ananas

Der Nil ist der längste Fluss der Erde. Auf seinen letzten 1500 Kilometern verläuft er durch Ägypten. Ägypten besteht hauptsächlich aus Wüsten. Wegen großer Regenfälle in den Quellgebieten des Nils kommt es jedes Jahr zur gleichen Zeit zu Überschwemmungen. Diese brachten dem Niltal eine fruchtbare Schlammschicht und sorgten für genügend Ackerland. So kam es dazu, dass sich dort sehr früh Menschen ansiedelten. Etwa 3500 v. Chr. wohnten im Niltal schon dauerhaft Menschen.

**1** *Suche in einem Atlas das Land Ägypten, den Nil und die Städte Alexandria, Kairo, Luxor und Assuan.*

**2** *Für viele Menschen in Ägypten war der Nil sehr wichtig. Betrachte das Bild genau und vervollständige die Sprechblasen aus der Sicht der verschiedenen Personen.*

Der Nil ist für mich wichtig, weil ... ______ ______ ______.
Der Nil ist für mich wichtig, weil ... ______ ______ ______.
Der Nil ist für mich wichtig, weil ... ______ ______ ______.


Mithilfe der Sterne konnten die Ägypter die Zeiten im Laufe des Jahres schon gut bestimmen. Dies half ihnen dabei, sich auf die Probleme und Besonderheiten der jeweiligen Zeit, zum Beispiel Überschwemmungen, einzustellen.

**3** *Ordne den Bildern folgende Begriffe zu: Ernte • Überschwemmung • Aussaat*

______ ______ ______

**Plakataufgaben:**

1. Malt auf einem Teil eures Plakates den Verlauf des Nils.
2. Notiert drei Begriffe, die beschreiben, warum der Nil für die Menschen damals so wichtig war.
3. Malt zu jedem Begriff ein passendes Bild.

Der Pharao hatte in Ägypten sehr viel Macht. Die Menschen verehrten ihn, da er der Sohn des Sonnengottes Re war. Nach Ansicht der Menschen im damaligen Ägypten hat der Sonnengott die Welt erschaffen und erschien ihnen täglich am Himmel. Um seine Macht auszudrücken, hatte der Pharao ganz besondere Kleidung. Er trug ein Kopftuch, auf dem die Schlangen- sowie die Geiergöttin zu erkennen sind. Diese beiden Göttinnen sollten ihn vor seinen Feinden beschützen. An seinem Kinn war ein künstlicher, geflochtener Bart befestigt und in seiner Hand trug er einen Krummstab sowie eine Geißel mit drei Bändern.

**1** *Ein bekannter Pharao war Tutanchamun. Er regierte von 1332 bis 1323 v. Chr. Verfasse eine kurze Beschreibung des Pharaos. Beginne mit „Ich bin …".*

______________________________________________

______________________________________________

______________________________________________.

In Ägypten waren die Bewohner in eine klare Rangordnung (Hierarchie) geordnet. Der Pharao stand ganz oben in dieser Hierarchie. Er konnte Befehle erteilen, wie zum Beispiel das Säen und Ernten, den Bau von Schiffen oder Tempeln und das Jagen von Tieren. Er musste aber auch dafür sorgen, dass seine Gesetze eingehalten wurden und sorgte somit für Gerechtigkeit und Ordnung in seinem Land. Er entschied über Krieg und Frieden.

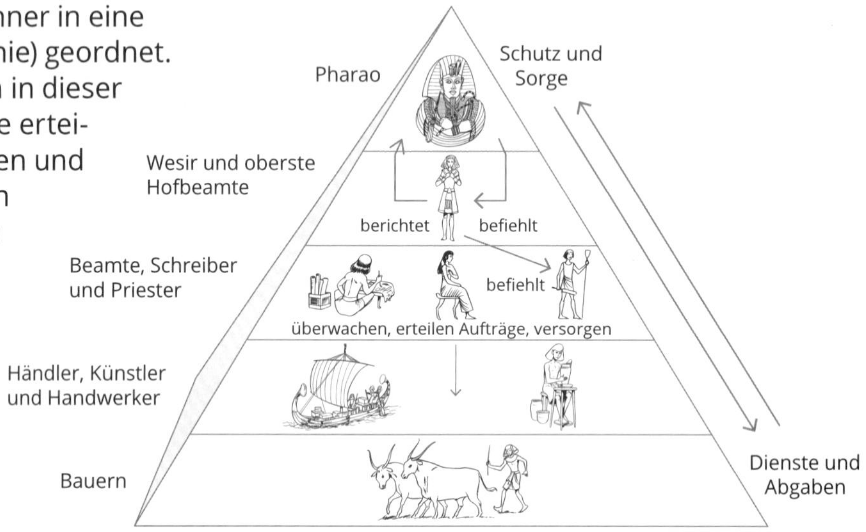


**2** *Notiere in die Schriftrollen drei konkrete Befehle, die der Pharao seinem Volk erteilte.*

**Plakataufgaben:**

1. Zeichnet auf euer Plakat ein großes Dreieck und unterteilt es in fünf Teile.
2. Schreibt in die Spitze „Der Pharao" und zeichnet ein Bild seiner Maske dazu.
3. Ergänzt die Sprechblasen (Plakatkarten) und klebt sie neben das Dreieck.

Aufbau der Gesellschaft: Die Aufgaben der Wesire und Beamten

**1** *Betrachte die Hierarchiepyramide. Finde heraus, wie der Pharao das rechts genannte Problem lösen konnte. Antworte auf die Aussage und gehe dabei auf den Wesir und die Beamten ein.*

Ägypten war doch viel zu groß! So viele Befehle konnte der Pharao doch gar nicht erteilen.

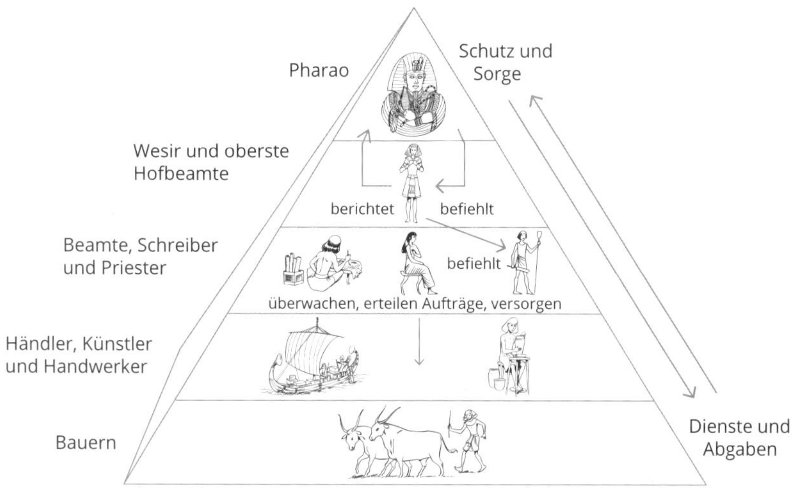


___________________________

___________________________

___________________________

___________________________

___________________________

___________________________

___________________________.

Der Wesir war nach dem Pharao der mächtigste Mann im alten Ägypten. Er empfing die Befehle direkt vom Pharao und leitete sie weiter an die hohen Beamten. Diese wiederum leiteten die Befehle weiter an Beamte des mittleren oder niedrigen Ranges. Die Beamten waren zum Beispiel dafür zuständig, Felder zu vermessen und Steuereinnahmen zu kontrollieren. Je nachdem, wie gut die Ernte in dem jeweiligen Jahr war, mussten die Bauern einen Teil ihres Getreides abliefern.
Beamte konnten lesen und schreiben und waren insgesamt sehr gebildet. Sie genossen ein hohes Ansehen im alten Ägypten und einige besondere Rechte (Privilegien). Nicht jeder konnte Beamter werden, Mädchen zum Beispiel hatten diese Möglichkeit nicht und konnten deswegen häufig auch nicht lesen und schreiben.

**2** *Auch heute begegnet dir der Begriff „Beamte" noch. Recherchiere die Definition des Begriffs in einem Lexikon oder im Internet und schreibe sie hier auf. Finde eine Gemeinsamkeit und einen Unterschied zu den Beamten im alten Ägypten.*

| Gemeinsamkeit | Beamte | Unterschied |
|---|---|---|
| ________ | ________ | ________ |
| ________ | ________ | ________ |
| ________ | ________ | ________ |
| ________ | ________ | ________ |
| ________ | ________ | ________ |

**Plakataufgaben:**

1. Ergänzt euer Dreieck mit den Begriffen „Wesire und Beamte".
2. Überlegt euch einen Befehl, den der Pharao gibt, und schreibt ihn in das Dreieck.

Der Schreiber genoss im alten Ägypten ein hohes Ansehen, wie auch die Beamten. Schreiber waren für Steueraufgaben zuständig. Sie mussten Steuerabgaben schätzen, Gewinne aufschreiben und die gemachten Erträge aufteilen.

**1** *Auf dem Bild kannst du das typische Schreibwerkzeug eines Schreibers erkennen. Verbinde die passende Beschreibung mit dem Element im Bild und vergleiche das Werkzeug mit deinem heutigen Schreibwerkzeug.*

**Binsen und Binsenbehälter**
Binsen (Gräser) konnten die Farbe gut aufnehmen und verteilen

**Palette**
Holz- oder Steinpalette mit zwei Vertiefungen für rote und schwarze Farbe

**Kleiner Beutel**
Aufbewahrung für Farbbrocken, die zur Farbherstellung dienten

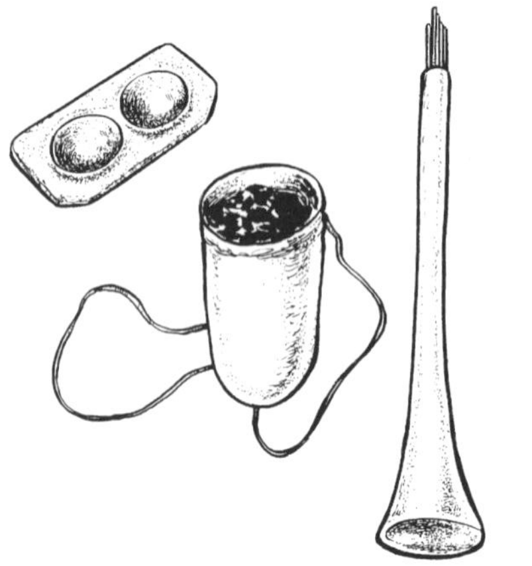

Die Schreiber waren, wie die Beamten, sehr gebildet. Sie konnten lesen, schreiben und rechnen. Den Beruf des Schreibers konnte eigentlich jeder ergreifen, jedoch waren es häufig Söhne von Beamten, die diesen Beruf ausübten. Die Ausbildung begann für einen Jungen schon im Kindesalter in der Schreiberschule. Etwa zehn Jahre später konnte der junge Mann dann seinen ersten Posten als Schreiber einnehmen.

**2** *Im alten Ägypten werden Schreiber gesucht! Werbe in einem kurzen Text für diesen Beruf. Beginne mit „Werde Schreiber, ...".*

______________________________________________

______________________________________________

______________________________________________.

**3** *In Deutschland lernt heute jeder Lesen und Schreiben in der Schule. Nenne je drei Gründe, warum Lesen und Schreiben für dich persönlich wichtig sind.*

- ______________________________________________
- ______________________________________________

**Plakataufgaben:**

1. Ergänzt euer Dreieck mit dem Begriff „Schreiber".
2. Notiert im Dreieck drei Aufgaben, die die Schreiber erledigen mussten.
3. Malt oder bastelt drei typische Werkzeuge des Schreibers und klebt sie in das Dreieck.

# Aufbau der Gesellschaft: Die Aufgaben der Handwerker

Ein Handwerker stellt Produkte her. Typische Handwerksberufe, die es auch heute noch gibt, gab es damals im alten Ägypten schon.

**1** *Finde im Suchrätsel fünf typische Handwerksberufe und schreibe sie auf.*

| | | | | | | | | | | | | |
|---|---|---|---|---|---|---|---|---|---|---|---|---|
| U | O | W | B | O | L | Q | N | W | O | U | D | G |
| G | O | A | Q | C | U | W | U | N | K | J | I | E |
| O | H | F | D | Q | X | E | I | M | K | J | H | U |
| L | Z | F | Y | X | O | Z | O | T | G | M | O | S |
| D | O | E | J | N | I | R | M | A | U | R | E | R |
| S | E | N | O | H | A | Y | A | X | B | Y | N | S |
| C | Z | S | M | N | U | D | F | G | S | U | F | G |
| H | R | C | O | G | G | J | G | M | C | H | H | L |
| M | K | H | Y | J | V | N | Z | L | G | B | R | A |
| I | Y | M | D | Y | Z | I | M | M | E | R | E | R |
| E | Y | I | J | D | C | B | L | L | N | B | Y | T |
| D | J | E | W | T | I | S | C | H | L | E | R | T |
| D | B | D | R | F | W | Y | K | X | Y | K | V | E |

- ______________________________
- ______________________________
- ______________________________
- ______________________________
- ______________________________

Handwerksberufe waren damals schon wichtig und sehr gefragt, weil sie zum Teil lebenswichtige Dinge herstellten.

**2** *Ein Leben ohne Handwerker: Was würde dir am meisten fehlen? Schreibe drei Stichpunkte auf.*

- ______________________________
- ______________________________
- ______________________________

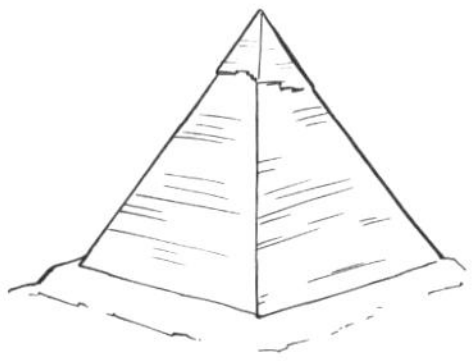

Die Handwerker waren zum Beispiel verantwortlich für das Bauen von Palästen, Schiffen oder Pyramiden. Beim Bau der Pyramiden zu helfen, war für jeden Ägypter eine große Ehre. Auch stellten Handwerker Schmuckstücke aus Gold oder ganz alltägliche Dinge wie Möbel oder Werkzeuge her. Bezahlt wurden sie vor allem mit Lebensmitteln, Kleidung und anderen Gegenständen. Auch die Künstler zählten zu den Handwerkern. Ihnen verdanken wir heute noch die vielen Statuen aus der damaligen Zeit. Häufig lebten die Handwerker in eigenen Dörfern, welche nah an der Baustelle waren. Manche Adlige beschäftigten ihre eigenen Handwerker. Der Beruf wurde häufig an den Sohn weitervererbt.

**3** *Stelle dir vor: Du bist Maurer im alten Ägypten und hilfst beim Bau einer beeindrucken Pyramide. Was erzählst du abends deinem Sohn? Schreibe in die Sprechblase.*

______________________________
______________________________
______________________________
______________________________
______________________________.

**Plakataufgaben:**

1. Ergänzt euer Dreieck mit dem Begriff „Handwerker".
2. Klebt die Bilder der Handwerksberufe (Plakatkarten) in das Dreieck.
3. Beschriftet sie mit der passenden Berufsbezeichnung und notiert ihre Aufgaben.
4. Ergänzt die Sprechblase (Plakatkarten) und klebt sie in oder neben das Dreieck.

Die meisten Menschen im alten Ägypten arbeiteten als Bauern. Diese hatten im Gegensatz zu den Beamten nur sehr wenige Rechte. Sie mussten hart arbeiten, sodass alle genügend Essen hatten. Die Bauern selbst durften jedoch nur wenig von ihren Erträgen behalten. Das Land, auf dem sie arbeiteten, gehörte nicht ihnen, sondern dem Pharao. Jedes Jahr kamen Beamte und vermaßen die Felder neu, weil sich diese durch die Überschwemmungen und den angespülten Schlamm veränderten. Von den Beamten erhielten die Bauern auch ihre Samen.

**1** *Auf dem Bild erkennst du zwei Beamte und mehrere Bauern. Umrande die Beamten mit roter und die Bauern mit grüner Farbe.*

**2** *Was denken wohl die Feldarbeiter? Schreibe zwei mögliche Gedanken in die Gedankenblasen.*

Die Bauern lebten in einfachen Lehmhütten, die häufig nur ein Zimmer und keine Fenster hatten. Oft lebten mehrere Bauern in kleinen Bauerndörfern zusammen. War Platz da, so bauten sie in den Gärten noch kleine Mengen Obst und Gemüse zum eigenen Bedarf an.

**3** *Wer ist deiner Meinung nach die wichtigste Personengruppe oder Person im alten Ägypten? Begründe deine Meinung.*

**Plakataufgaben:**

1. Ergänzt euer Dreieck mit dem Begriff „Bauern“.
2. Malt ein Bild eines typischen Bauerndorfes dazu.
3. Ergänzt die Sprechblasen (Plakatkarten) und klebt sie in oder neben das Dreieck.

**Aufbau der Gesellschaft: Pharaonen**

Ich sehe so besonders aus, weil …

______________________________

______________________________

______________________________.

Meine Aufgaben sind:

______________________________

______________________________

______________________________.

**Aufbau der Gesellschaft: Die Aufgaben der Handwerker**

Wir Handwerker sind wichtig, weil …

______________________________

______________________________

______________________________.

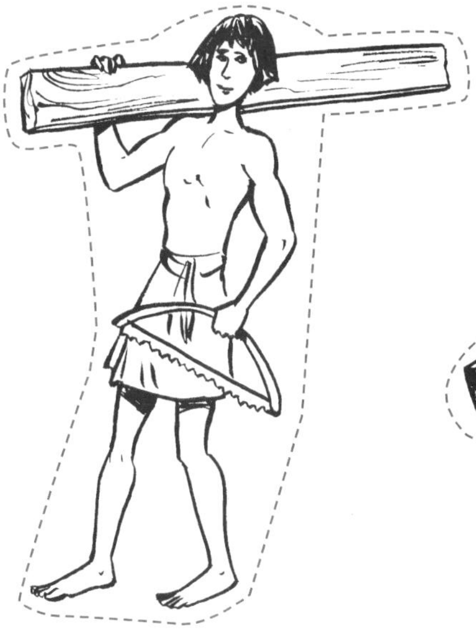

**Aufbau der Gesellschaft: Die Aufgaben der Bauern**

Meine Anbauflächen ändern sich jedes Jahr, weil …

______________________________

______________________________

______________________________.

Meine Felder gehören …

______________________________

______________________________

______________________________.

**So in etwa könnte das Lernplakat aussehen:**

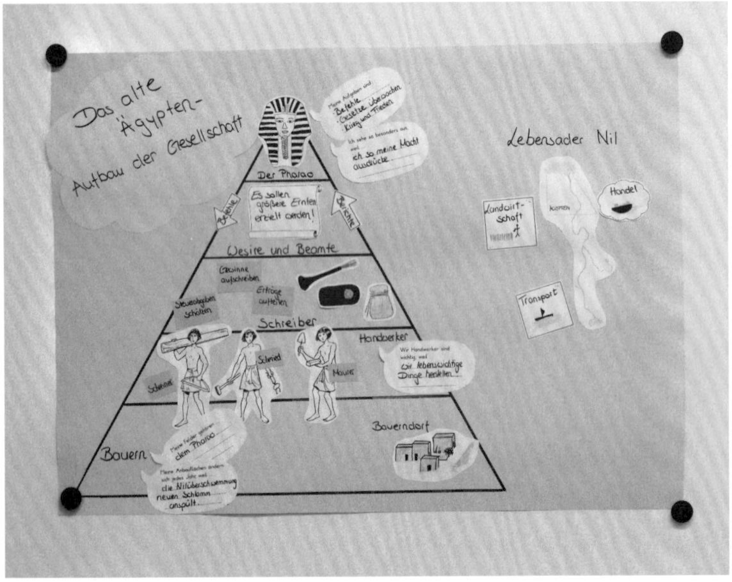


Über diesen QR-Code
ist das Foto farbig abrufbar:

### Die Lebensader von Ägypten: Der Nil

1 (Suche im Atlas)

2

- Der Nil ist für mich wichtig, weil ich als Fährmann lebe und mein Geld damit verdiene, die Menschen zu transportieren. Für die Fahrgäste ist der Nil wichtig, damit sie von einem zum anderen Ort kommen.
- Der Nil ist für mich wichtig, weil ich Waren auf dem Nil durch Ägypten transportiere.
- Der Nil ist für mich wichtig, weil ich von der Landwirtschaft lebe und die Überschwemmungen des Nils für fruchtbaren Boden sorgen.

3 Überschwemmung, Aussaat, Ernte

### Aufbau der Gesellschaft: Pharaonen

1 Ich bin der Pharao Tutanchamun und trage ein Kopftuch, auf dem die Schlangen- sowie die Geiergöttin zu erkennen sind. Diese beiden Göttinnen sollen mich vor meinen Feinden beschützen. An meinem Kinn ist ein künstlicher, geflochtener Bart befestigt und in meiner Hand trage ich einen Krummstab sowie eine Geißel mit drei Bändern.

2 Ich befehle euch, drei Flächen mit Getreide auszusäen. Ich befehle euch, für mein Fest 30 Wildtiere zu jagen und mir bis morgen zu bringen. Ich befehle euch, eure Waffen anzulegen und mir in den Kampf zu folgen.

### Aufbau der Gesellschaft: Die Aufgaben der Wesire und Beamten

1 Er hat die Ausführung und die Überwachung seiner Befehle an Wesire und Beamte abgegeben.

2 Beamte: beim Staat angestellt, z.B. Polizisten, Richter, Lehrer
Gemeinsamkeit: alle beim „Staat“ angestellt
Unterschied: heute mehrere Berufsgruppen bei den Beamten als damals

### Aufbau der Gesellschaft: Die Aufgaben der Schreiber

1

| |
|---|
| **Binsen und Binsenbehälter**<br>Binsen (Gräser) konnten die Farbe gut aufnehmen und verteilen |
| **Palette**<br>Holz- oder Steinpalette mit zwei Vertiefungen für rote und schwarze Farbe |
| **Kleiner Beutel**<br>Aufbewahrung für Farbbrocken, die zur Farbherstellung dienten |

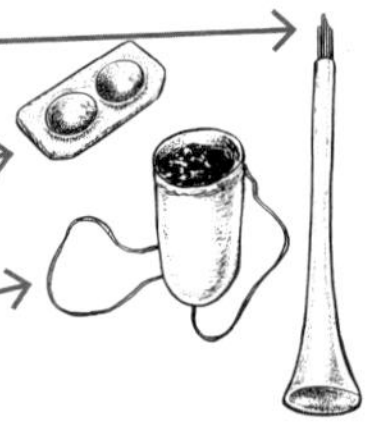

2 Werde Schreiber, weil du einen Beruf mit Ansehen anstrebst. Dir bereiten die Künste des Schreibens und des Lesens Freude und du willst sie erlernen – dann entscheide dich für die Ausbildung zum Schreiber! Deine Aufgabe ist es, die Steuereinnahmen zu überwachen.

3 Lesen: Informationen erhalten, soziale Kontakte pflegen, Sprachen lernen
Schreiben: Kommunikation, Informationen weitergeben, Unterhaltung

**Aufbau der Gesellschaft: Die Aufgaben der Handwerker**

1 Maurer, Zimmerer, Tischler, Goldschmied, Waffenschmied

| | | | | | | | | | | | | |
|---|---|---|---|---|---|---|---|---|---|---|---|---|
| U | O | W | B | O | L | Q | N | W | O | U | D | G |
| G | O | A | Q | C | U | W | U | N | K | J | I | E |
| O | H | F | D | Q | X | E | I | M | K | J | H | U |
| L | Z | F | Y | X | O | Z | O | T | G | M | O | S |
| D | O | E | J | N | I | R | M | A | U | R | E | R |
| S | E | N | O | H | A | Y | A | X | B | Y | N | S |
| C | Z | S | M | N | U | D | F | G | S | U | F | G |
| H | R | C | O | G | G | J | G | M | C | H | H | L |
| M | K | H | Y | J | V | N | Z | L | G | B | R | A |
| I | Y | M | D | Y | Z | I | M | M | E | R | E | R |
| E | Y | I | J | D | C | B | L | L | N | B | Y | T |
| D | J | E | W | T | I | S | C | H | L | E | R | T |
| D | B | D | R | F | W | Y | K | X | Y | K | V | E |

2 individuelle Lösung
(Ideen: Brezen vom Bäcker, Wurst vom Metzger, Schrank vom Zimmerer)
3 individuelle Lösung
(Ideen: Heute haben wir die Hälfte der Pyramide erreicht. Es ehrt mich so, Teil dieses Baus zu sein und die Pyramide wachsen zu sehen. Diese Freude lässt die beschwerliche Arbeit in der Hitze vergessen. Heute ist uns ein großer Stein zerbrochen, gerade als wir ihn einsetzen wollten ...)

**Aufbau der Gesellschaft: Die Aufgaben der Bauern**

1 unten (links und rechts) zwei Beamte; fünf Bauern

2 Hoffentlich gehen die Samen besser auf als im letzten Jahr, damit wir keinen Hunger mehr erleiden müssen. Die Beamten treiben uns immer zur Arbeit an und gönnen uns keine Pause. Dabei bleibt für uns nicht viel von der Ernte übrig.
3 Das sind die Bauern, da sie für die Versorgung zuständig sind.

teefa / stock.adobe.com

Die Menschen im alten Ägypten nutzten keine Schrift, so wie man sie heute lesen kann. Ihre Schrift ist auf dem Bild zu erkennen. Sie bestand aus etwa 7000 einzelnen Bildzeichen. Es gab Zeichen für Buchstaben, Silben oder auch Wörter. Gelesen wurde nicht von links nach rechts, sondern die alten Ägypter schrieben von links nach rechts, von rechts nach links oder auch von oben nach unten oder von unten nach oben. Die Leser konnten die Richtung an dem Menschen oder Tierbild erkennen, welches immer Richtung Zeilenanfang blickte. Schrieb man Namen, so gab man das Geschlecht am Ende an. Für einen männlichen Namen schrieb man einen sitzenden Mann, für einen weiblichen eine sitzende Frau. Die Namen von Pharaonen umrahmte man oval.

**1** *Finde mithilfe des Alphabets die Begriffe rechts heraus.*

| | | | | |
|---|---|---|---|---|
| a = | b = | ch = | d = | dsch = |
| e = | f = | g = | h = | i = |
| j = | k = | l = | m = | n = |
| o = | p = | q = | r = | s = |
| sch | t = | ts tsch = | u, v, w = | x = |
| y = | z = | 1 = | 10 = | 100 = |

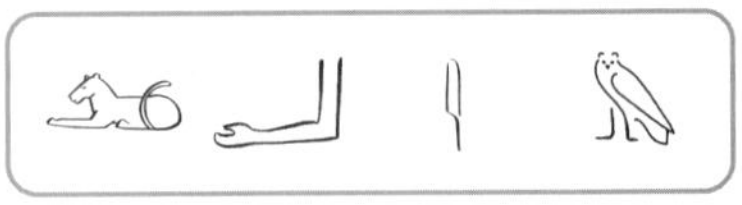

___________________

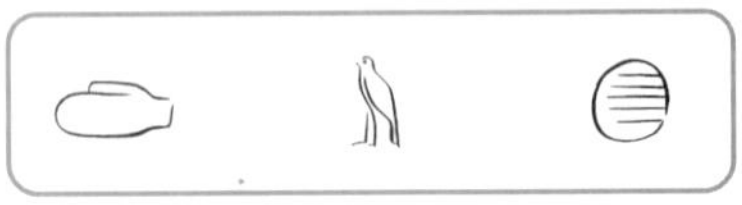

___________________

___________________

**2** *Schreibe deinen eigenen Namen mithilfe des Alphabets auf ein Blatt. Tauscht euch in der Klasse aus und findet die Namen eurer Mitschüler heraus.*

Lange Zeit konnte niemand die Schrift der alten Ägypter lesen. Erst durch einen Stein, auf dem die Inschrift in drei verschiedenen Schriften eingeritzt wurde (darunter auch Griechisch und in Hieroglyphen) gelang es, sie zu entziffern, und zwar im Jahr 1822 n. Chr. dem Franzosen Champollion.

**3** *Stelle dir vor, du bist Champollion und schreibst am Abend deiner großen Entdeckung einen kurzen Tagebucheintrag. Schreibe in dein Heft.*

**Plakataufgaben:**
1. Teilt euer Plakat in sechs große Rechtecke ein.
2. Beschriftet einen Teil mit der Überschrift „Hieroglyphen".
3. Schreibt drei Wörter eurer Wahl in Hieroglyphenschrift auf das Plakat.
4. Notiert drei Unterschiede zu unserer heutigen Schrift auf dem Plakat.

Jedes Jahr mussten die Felder nach der Nilüberschwemmung neu vermessen und die Ernteabgaben berechnet werden. Auch beim Bau der Pyramiden brachten die alten Ägypter ein großes mathematisches Wissen ein. Als Hilfsmittel nutzten sie Seile. Damit die Angaben auch notiert werden konnten, erfanden die alten Ägypter ein eigenes System aus Zahlen, Maßen und Gewichten. Das Ellenmaß (Länge des Unterarms) stammt aus dieser Zeit und ist das älteste Längenmaß der Welt.

**1** *Messe folgende Gegenstände in deinem Klassenzimmer mithilfe des Ellenmaßes.*

Tischlänge: ____________ Stuhlhöhe: ____________ Türbreite: ____________

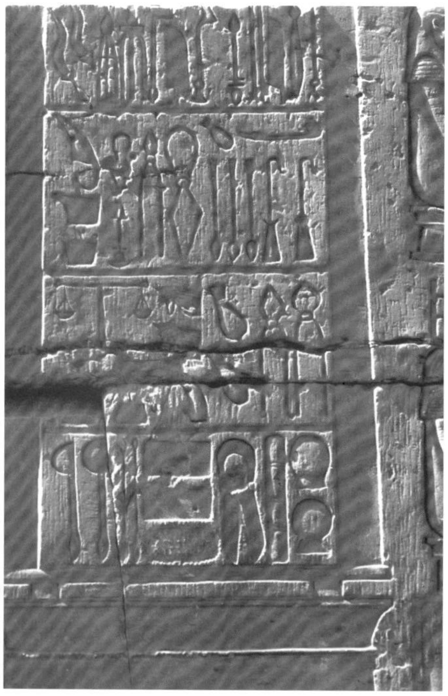

akg-images / Erich Lessing

Die Heilkunst der ägyptischen Ärzte war auch damals schon sehr groß. Mit ihrem Wissen waren sie in der Lage, Knochen zu schienen oder Gelenke einzurenken. Offene Wunden konnten sie nähen und verbinden und auch die Löcher in den Zähnen wurden behandelt. Für ihre Heilkunst nutzten die Ägypter bereits verschiedene Pflanzen- und Tierprodukte als Arzneien.

**2** *Auf dem Bild erkennst du medizinische Instrumente, die es schon im alten Ägypten gab. Umrande die folgenden Instrumente im Bild:*

Waage, Messlöffel, Schere, Skalpell, Zange

Für die Ägypter war die Bestimmung der Zeit sehr wichtig. Durch die Beobachtungen des Nilhochwassers und der Sterne entwickelten sie schon sehr früh einen Kalender. Das Jahr richtete sich nach dem Verhalten des Nils und wurde in drei gleich große Abschnitte geteilt: die Zeit der Überschwemmung, die Zeit der Aussaat und die Zeit der Ernte. Das Jahr begann mit der Nilüberschwemmung. Ein Jahr hatte 12 Monate, ein Monat 30 Tage und ein Tag 24 Stunden.

**3** *Ergänze den Kalender mit den fehlenden Monaten und Oberbegriffen.*

| Überschwemmung | | | | | | | | | | | |
|---|---|---|---|---|---|---|---|---|---|---|---|
| | | Sep. | | | | | | März | April | | |

**Plakataufgaben:**

1. Beschriftet einen Teil eures Plakates mit der Überschrift „Erfindungen".
2. Gestaltet selbst einen Nil-Kalender für euer Plakat. Notiert in einer Sprechblase, warum ein solcher Kalender wichtig für die Menschen war.
3. Nennt zwei wichtige Erfindungen aus dieser Zeit und malt ein Bild dazu.

# Wandmalereien: Die Bedeutung der Wandgemälde

Für die alten Ägypter waren Bilder sehr wichtig. Nur die wenigsten Menschen konnten damals lesen oder schreiben, mit Bildern jedoch konnte fast jeder erreicht werden. Auch heute noch findet man viele Wandgemälde in Tempeln oder Gräbern. Viele Gemälde sollen aus dem Leben der Person(en) erzählen.

**1** *Die beiden Bilder wurden im Grab eines Beamten gefunden. Umkreise jeweils den Beamten (im linken Bild findest du ihn rechts unten). Schreibe drei Stichpunkte auf, was du in den Bildern über sein Leben erfahren kannst.*

akg-images / De Agostini Picture Lib. / M. Carrieri

akg-images / James Morris

______________________

______________________

______________________

______________________

______________________

Die Personen auf ägyptischen Gemälden wurden immer ähnlich dargestellt.

**2** *Verbinde die Satzanfänge mit den passenden Satzendungen. Die Bilder oben helfen dir dabei.*

| | |
|---|---|
| Das Gesicht und der Unterkörper (Beine und Füße) | rotbraun. |
| Das Auge wurde so dargestellt, | wurden von der Seite abgebildet. |
| Im Gegensatz dazu wurde der Oberkörper | gelb gemalt. |
| Auch die Farben waren immer ähnlich. Die Hautfarbe eines Mannes war häufig | dass es den Betrachter genau ansieht. |
| Die Hautfarbe einer Frau wurde fast immer | von vorn gezeigt. |

**3** *Jetzt bist du dran! Male ein Bild in der Art, wie auch die alten Ägypter Menschen gemalt haben.*

**Plakataufgaben:**

1. Beschriftet einen Teil eures Plakates mit der Überschrift „Wandmalerei".
2. Klebt die beiden Bilder (Plakatkarten) auf das Plakat.
3. Beantwortet die Frage in der Sprechblase (Plakatkarten) und klebt beides auf euer Plakat.

# Der Glaube in Ägypten: Götterkult

Die Ägypter verehrten nicht nur einen Gott, sondern viele Götter. Hinter vielen Naturerscheinungen, zum Beispiel Wind, Sonne oder Erdbeben, sahen die alten Ägypter eigene Götter. So konnten sie sich die Welt erklären. Für ihre Götter errichteten sie sehr viele Tempelanlagen. Die Menschen verehrten den Pharao, als mächtigsten Mann in Ägypten, und sahen ihn als Vermittler zwischen den Menschen und den Göttern. Viele Götter wurden in Ägypten als Tiere dargestellt.

**1** *Finde die passende Beschreibung zu den dargestellten Göttern und verbinde.*

| **Hathor** | **Osiris** | **Horus** | **Amun-Re** | **Thot** |
|---|---|---|---|---|
| Sie war unter anderem Göttin der Liebe und des Friedens. Sie wurde häufig mit einer Sonnenscheibe auf dem Kopf dargestellt. | Er war Herrscher der Unterwelt. Er wurde als Mumie dargestellt. | Er war Gott der Welt der Lebenden und wurde mit einem Falkenkopf dargestellt. | Er war der oberste ägyptische Gott und wurde falkenköpfig mit einer Sonnenscheibe auf dem Kopf dargestellt. | Er war Schreibergott und protokollierte das Totengericht. Er hatte einen Ibiskopf. |

Die ägyptischen Priester gingen täglich in die prächtigen Tempelanlagen. Dort beteten sie und brachten den Göttern Opfergaben. Diese sollten die Götter milde stimmen, denn die Ägypter glaubten, dass sie über ihr Leben wachten.
Der christliche Glaube und der Glaube der alten Ägypter unterschieden sich deutlich, doch es gab auch Ähnlichkeiten.

**2** *Betrachte die Bilder von der Kirche und dem Tempel genau. Finde zwei Ähnlichkeiten und zwei Unterschiede.*

**Kirche**

Markovskiy / stock.adobe.com

**Tempel**

Catmando / stock.adobe.com

Ähnlichkeiten:

______________________

______________________

Unterschiede:

______________________

______________________

**Plakataufgaben:**

1. Beschriftet einen Teil eures Plakates mit der Überschrift „Götterkult".
2. Wählt drei Götter aus, malt sie auf das Plakat und beschriftet sie mit ihren Namen.
3. Notiert auf den Plakatkarten jeweils eine Bitte an jeden Gott und klebt sie auf euer Plakat.

Die alten Ägypter glaubten fest an ein Leben nach dem Tod. Im Reich der Toten lebten die Verstorbenen weiter. Durch unterschiedliche Rituale wurden die Menschen auf dieses Leben vorbereitet. So wurden tote Körper mit Ölen einbalsamiert und mit Leinenbinden umwickelt, damit sie haltbar waren. Dieses Verfahren nennt man Mumifizierung. In das Grab wurden Nahrungsmittel, Schmuck und Tiere gegeben, damit es dem Verstorbenen im Jenseits an nichts fehlte.
Den Übertritt in das Jenseits stellten sich die alten Ägypter als „Totengericht" vor. Dieses Gericht sollte einem bestimmten Ablauf folgen.

1 *Auf dem Bild erkennst du das Totengericht eines Schreibers. Verbinde die Beschreibungen mit den passenden Situationen auf dem Bild.*

| | | |
|---|---|---|
| Der Verstorbene kniet vor vielen Göttern und berichtet aus seinem Leben. | Der Totengott Anubis führt den Verstorbenen zu einer Waage. | Anubis wiegt das Herz des Verstorbenen gegen eine Feder. Ist das Herz leichter, gibt es ein Leben im Jenseits. Ist die Feder leichter, gibt es kein Leben im Jenseits. |

akg-images / Erich Lessing

| | | |
|---|---|---|
| Der Schreibergott Thot protokolliert alles. | Das Herz des Verstorbenen ist leichter. Horus führt den Verstorbenen zu Osiris. | Wäre die Feder leichter gewesen, so hätte die Totenfresserin mit dem krokodilförmigen Kopf den Verstorbenen gefressen. |

Eine Bestattung mit Mumifizierung und Grabbeigaben war sehr teuer. Deswegen konnten sich nur sehr reiche Ägypter so etwas leisten. Die Ärmeren wurden in der Wüste vergraben.

2 *„Das Handeln im Diesseits ist wichtig für das Leben im Jenseits." Erkläre in Bezug auf die alten Ägypter, was mit der Aussage gemeint ist.*

______________________________

______________________________

______________________________.

**Plakataufgaben:**

1 Beschriftet einen Teil eures Plakates mit der Überschrift „Das Leben im Jenseits".

2 Verfasst einen Brief aus Sicht eines Beamten, in dem er den Ablauf des Totengerichtes erklärt.

3 Malt eine Mumie auf diesen Plakatteil und ergänzt sie mit den passenden Plakatkarten. Schreibt darauf zunächst eine Materialliste und anschließend eine Schritt-für-Schritt-Erklärung der Mumifizierung.

Das Leben im Jenseits: Pyramiden als Grabstätten für die Pharaonen

**1** *Entscheide, ob die Aussagen richtig oder falsch sind, kreuze an und notiere unten den Buchstaben. Welches Lösungswort erhältst du?*

| Nr. | Aussage | richtig | falsch |
|---|---|---|---|
| 1 | Die Pyramiden dienten als Kornspeicher, die gegen große Hungersnöte helfen sollten. | C | G |
| 2 | Die Form der Pyramiden ist durch Zufall entstanden. | E | R |
| 3 | Pharaonen wollten in den Pyramiden nach ihrem Tod weiterleben. | A | N |
| 4 | Die bekannteste und größte Pyramide ist die Cheops-Pyramide. | B | A |
| 5 | Beim Bau der Pyramiden nutzten die alten Ägypter schon Rad und Wagen. | U | S |
| 6 | Die Spitze der Pyramide sollte möglichst weit in den Himmel ragen und zur Sonne zeigen. | T | E |
| 7 | Die alten Ägypter benötigten etwa 23 Jahre für den Bau einer Pyramide. | Ä | R |
| 8 | Beim Bau einer Pyramide halfen ausschließlich Beamte. | M | T |
| 9 | Die Pyramiden von Gizeh zählen zu den sieben Weltwundern. | T | I |
| 10 | Beim Bau der größten Pyramide wurden etwa 2,3 Millionen Steinblöcke benötigt. | E | S |

___ ___ ___ ___ ___ ___ ___ ___ ___ ___
1 2 3 4 5 6 7 8 9 10

Der Pharao plante den Bau schon sehr früh und erstellte gemeinsam mit Architekten genaue Pläne. Jeder Stein hatte genau seinen Platz und wurde mithilfe von Rollvorrichtungen aus Baumstämmen und Seilen in die richtige Position gezogen. Dies muss eine sehr anstrengende Arbeit gewesen sein, da ein Stein etwa 2,5 Tonnen wog. Es arbeiteten über 70 000 Männer auf der Baustelle.

**2** *Auf dem Bild erkennst du den Pharao und einen Architekten sowie viele Arbeiter, die beim Bau helfen. Schreibe in die Sprechblasen, was der Pharao und der Architekt sagen könnten.*

**Plakataufgaben:**

1. Beschriftet den letzten Teil eures Plakates mit der Überschrift „Die Pyramiden".
2. Malt auf diesen Teil eine Pyramide.
3. Schreibt wissenswerte Infos über die Pyramiden dazu.

**Wandmalereien: Die Bedeutung der Wandgemälde**

akg-images / De Agostini Picture Lib. / M. Carrieri

akg-images / James Morris

Warum gab es so viele Wandgemälde?

**Der Glaube in Ägypten: Götterkult**

| | | |
|---|---|---|
| Lieber Gott,<br>ich bitte dich … | Lieber Gott,<br>ich bitte dich … | Lieber Gott,<br>ich bitte dich … |

**Das Leben im Jenseits: Mumifizierung von Verstorbenen**

**Mumifizierung**

Materialliste:

______________________

______________________

______________________

______________________

______________________

______________________

______________________

**Mumifizierung**

Ablauf:

______________________

______________________

______________________

______________________

______________________

______________________

______________________

**So in etwa könnte das Lernplakat aussehen:**

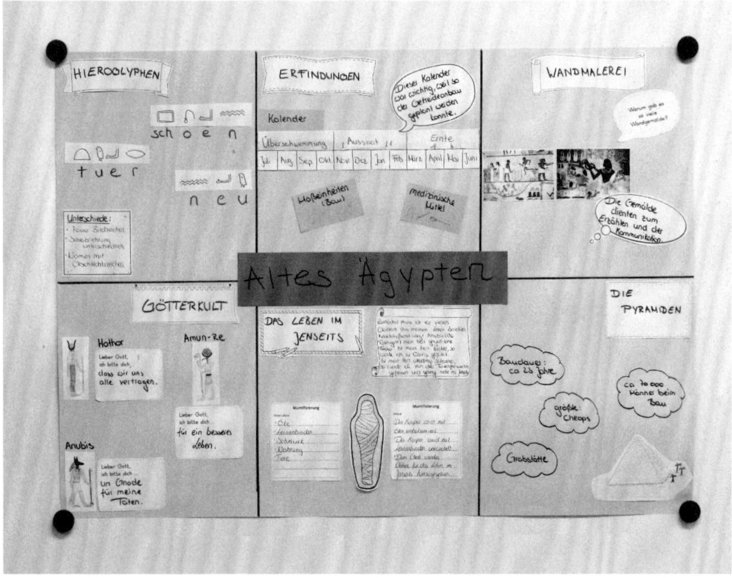


Über diesen QR-Code
ist das Foto farbig abrufbar:

**Hieroglyphen: Die Entwicklung einer Schrift**

1 Leim, Dach, Wind
2 individuelle Lösung
3 zum Beispiel: Liebes Tagebuch, heute haben wir eine unglaubliche Entdeckung gemacht. Wie ich bereits berichtete, haben wir gestern eine Steinplatte mit Hieroglyphen freigelegt. Heute hat sich beim näheren Betrachten gezeigt, dass diese nicht nur die ägyptischen Schriftzeichen trägt, sondern auch griechische Buchstaben. Somit gelang es uns heute erstmals, die Hieroglyphen zu entziffern und zu übersetzen. Du glaubst gar nicht, was für ein Gefühl das war, diese Übersetzungstafel vor mir liegen zu haben und plötzlich machen die Zeichen einen Sinn. Ich möchte gar nicht schlafen gehen, sondern am liebsten all unsere bisherigen Funde entziffern. Ich berichte dir ...

**Erfindungen: Geometrie, Medizin und Kalender**

1 individuelle Lösung
2

akg-images / Erich Lessing

Oben → Skalpell

Mitte links → Waage
Mitte rechts → Zange

Unten links → Messlöffel
Unten rechts → Schere

3

| Überschwemmung | | | | **Aussaat** | | | | **Ernte** | | | |
|---|---|---|---|---|---|---|---|---|---|---|---|
| **Juli** | **Aug.** | Sep. | **Okt.** | **Nov.** | **Dez.** | **Jan.** | **Feb.** | März | April | **Mai** | **Juni** |

**Wandmalereien: Die Bedeutung der Wandgemälde**

1

akg-images / De Agostini Picture Lib. / M. Carrieri

akg-images / James Morris

- Der Beamte hatte eine Frau.
- Der Beamte beaufsichtigte viele Bauern.
- Dem Beamten ging es gut und es fehlte ihm nicht an Nahrung.

2

| | |
|---|---|
| Das Gesicht und der Unterkörper (Beine und Füße) | rotbraun. |
| Das Auge wurde so dargestellt, | wurden von der Seite abgebildet. |
| Im Gegensatz dazu wurde der Oberkörper | gelb gemalt. |
| Auch die Farben waren immer ähnlich. Die Hautfarbe eines Mannes war häufig | dass es den Betrachter genau ansieht. |
| Die Hautfarbe einer Frau wurde fast immer | von vorn gezeigt. |

3 individuelle Lösung (Bild)

**Der Glaube in Ägypten: Götterkult**

1

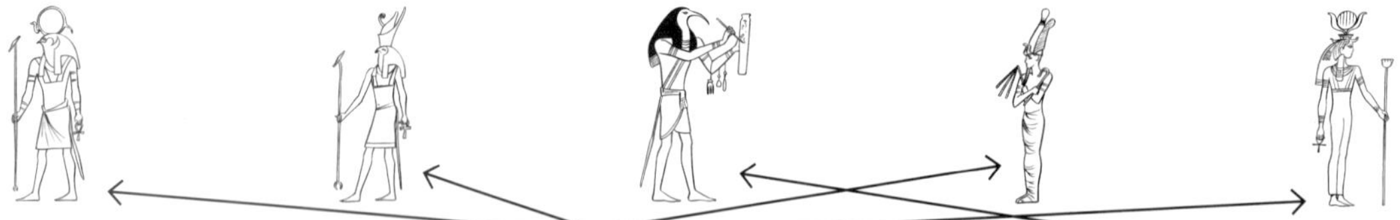

| | | | | |
|---|---|---|---|---|
| **Hathor**<br>Sie war unter anderem Göttin der Liebe und des Friedens. Sie wurde häufig mit einer Sonnenscheibe auf dem Kopf dargestellt. | **Osiris**<br>Er war Herrscher der Unterwelt. Er wurde als Mumie dargestellt. | **Horus**<br>Er war Gott der Welt der Lebenden und wurde mit einem Falkenkopf dargestellt. | **Amun-Re**<br>Er war der oberste ägyptische Gott und wurde falkenköpfig mit einer Sonnenscheibe auf dem Kopf dargestellt. | **Thot**<br>Er war Schreibergott und protokollierte das Totengericht. Er hatte einen Ibiskopf. |

2 Ähnlichkeiten: Säulengang auf der linken und rechten Seite, Wandmalereien
Unterschiede: in der Kirche Stuhlreihen und Altar

## Das Leben im Jenseits: Mumifizierung von Verstorbenen

**1**

| | | |
|---|---|---|
| Der Verstorbene kniet vor vielen Göttern und berichtet aus seinem Leben. | Der Totengott Anubis führt den Verstorbenen zu einer Waage. | Anubis wiegt das Herz des Verstorbenen gegen eine Feder. Ist das Herz leichter, gibt es ein Leben im Jenseits. Ist die Feder leichter, gibt es kein Leben im Jenseits. |

akg-images / Erich Lessing

| | | |
|---|---|---|
| Der Schreibergott Thot protokolliert alles. | Das Herz des Verstorbenen ist leichter. Horus führt den Verstorbenen zu Osiris. | Wäre die Feder leichter gewesen, so hätte die Totenfresserin mit dem krokodilförmigen Kopf den Verstorbenen gefressen. |

**2** Wenn die Menschen zu Lebzeiten angesehen waren und viel Geld besaßen, konnten sie sich eine Mumifizierung und teure Grabbeigaben leisten, was für sie damals eine große Bedeutung hatte. Sie glaubten daran, dass das Leben nach dem Tod weitergeht und sie durch die Rituale ein besseres Leben nach dem Tod erwartet. Außerdem urteilten die Götter über das Leben der Verstorbenen und entschieden darüber, ob sie zu Osiris oder zur Totenfresserin geschickt werden.

## Das Leben im Jenseits: Pyramiden als Grabstätten für die Pharaonen

**1** Lösungswort: Grabstätte

**2**

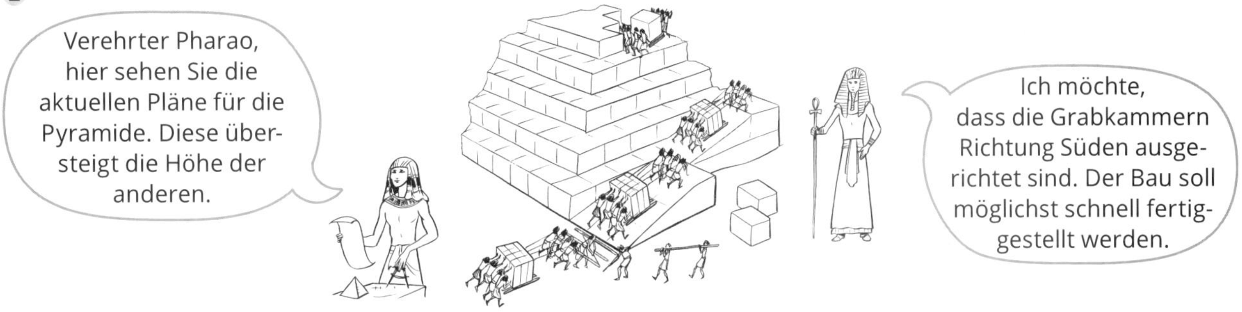

Verehrter Pharao, hier sehen Sie die aktuellen Pläne für die Pyramide. Diese übersteigt die Höhe der anderen.
Ich möchte, dass die Grabkammern Richtung Süden ausgerichtet sind. Der Bau soll möglichst schnell fertiggestellt werden.

Vor etwa 3000 Jahren entwickelte sich das antike Griechenland.

**1** *Male auf der Karte aus, wo sich Griechenland und Deutschland befinden.*

**2** *Bringe die Buchstaben in die richtige Reihenfolge und setze die Begriffe in den Lückentext ein.*

*EEMR • GBEIREG • HIEßNE • ISNLEN • TORKCNE*

Griechenland liegt am

__________________ und hat viele

kleine __________________ . Dort

lebten die Menschen vom Fischfang.

Im Landesinneren befinden sich hohe

__________________ mit tiefen Tälern. Durch die __________________

Sommer waren die Böden oft karg und __________________, wodurch man schlecht

Pflanzen anbauen konnte.

akg / North Wind Picture Archives

In den Tälern und am Meer entstanden kleine Siedlungen. Durch die hohen Berge war es schwer, in eine andere Siedlung zu gelangen. Dadurch entstanden viele kleine, selbstständige Stadtstaaten, die Polis genannt wurden. Innerhalb einer Polis gab es eine eigene Regierung und eigene Gesetze. Eine Polis bestand aus einer Siedlung und den umliegenden Bauernhöfen.

**3** *Beende den Satz.*

Es entstanden kleine Polis, weil ...

______________________________________________________________________

______________________________________________________________________.

Obwohl die einzelnen Polis weit voneinander entfernt waren und eigene Regierungen hatten, gab es ein Gemeinschaftsgefühl. In allen Polis wurde dieselbe Sprache gesprochen und die gleiche Schrift geschrieben. Dadurch konnte man sich untereinander verständigen. Alle Griechen glaubten an die gleichen Götter, wodurch sie über ihre Religion verbunden waren. Alle vier Jahre reisten die Griechen zu den Olympischen Spielen, die sie als gemeinsame Sportveranstaltung austrugen.

**4** *Unterstreiche im Text die Gemeinsamkeiten der einzelnen Polis.*

**Plakataufgaben:**

1. Beschriftet euer Plakat mit der Überschrift „Das antike Griechenland".
2. Schneidet die erste Plakatkarte aus, beschreibt (oder zeichnet) darin die typischen Landschaften Griechenlands und klebt sie auf euer Plakat.
3. Klebt die Plakatkarte „Polis" auf und erklärt, was eine Polis ist.

Mit etwa 300 000 Einwohnern war die Polis Athen um 500 v. Chr. die größte Polis in Griechenland. Athen teilte sich in drei Bereiche auf. Es gab die Stadt Athen mit der Akropolis und dem Stadtkern, wo viele Handwerker und die reichen Athener lebten. Im Umland, welches Attika genannt wurde, lebten die Bauern und betrieben Landwirtschaft. Einen weiteren Teil bildete der Hafen Piräus mit seinen Fischersiedlungen, wo die Händler lebten. Damals war Athen die führende Handelsmacht in ganz Europa.

**1** *Um welchen Teil von Athen handelt es sich? Beschrifte die Bilder mit den Begriffen aus dem Text oben.*

akg / North Wind Picture Archives

akg / North Wind Picture Archives

______________________ ______________________ ______________________

Die Menschen in Athen übten verschiedene Berufe aus. Ihre Waren boten sie auf dem großen Markt in Athen an. Es fand kein Tauschhandel wie in der Steinzeit statt, sondern es gab einheitliches Geld, mit dem sie ihre Einkäufe bezahlten. Die Waren wurden verschifft und konnten so in ganz Europa angeboten werden.

**2** *Finde in dem Suchrätsel fünf typische Berufe der Athener.*

- ______________________
- ______________________
- ______________________
- ______________________
- ______________________

| | | | | | | | | | |
|---|---|---|---|---|---|---|---|---|---|
| D | F | I | S | C | H | E | R | C | Y |
| Z | I | M | M | E | R | M | A | N | N |
| H | L | C | G | N | W | M | D | R | A |
| A | N | M | L | W | N | W | P | R | Z |
| E | W | A | I | P | U | U | B | V | R |
| N | B | U | Z | G | S | M | D | S | Q |
| D | D | R | N | W | E | Y | G | U | A |
| L | F | E | F | G | L | F | H | L | W |
| E | J | R | A | S | I | K | X | S | V |
| R | S | C | H | N | E | I | D | E | R |

Um Tempelanlagen, Verteidigungsanlagen und öffentliche Gebäude zu bauen und in Schuss zu halten, bezahlten die Athener Steuern. Außerdem halfen die Bürger freiwillig bei Gemeinschaftsarbeiten, wodurch ein Zusammengehörigkeitsgefühl unter den Bürgern entstand.

**3** *Nenne drei Gründe, warum die Steuern für die Polis wichtig waren.*

______________________________________________

______________________________________________.

**Plakataufgaben:**

1. Macht auf einem Teil eures Plakates drei Spalten für: Stadt, Hafen und Umland. Darüber kommt eine passende Überschrift.
2. Malt darunter ein typisches Bild für den jeweiligen Bereich der Stadt.
3. Nennt jeweils einen Beruf und eine Ware, die die Einwohner in diesem Teil der Stadt herstellten.

Die Polis Sparta befand sich auf der großen Halbinsel Peloponnes im Süden von Griechenland. Sparta besaß zur damaligen Zeit das mächtigste Heer, da alle männlichen Bürger als Soldaten dienten. Reichtum und Bildung war für die Spartaner nicht wichtig. Alle Bürger besaßen gleich viel Land und sie durften kein Geld als Soldaten verdienen. Handwerkliche Tätigkeiten, der Handel und die Landwirtschaft wurden ausschließlich von den Heloten betrieben, welche als Sklaven lebten.

**Krieger**

1 *Finde die passenden Fachbegriffe heraus und beschrifte den spartanischen Krieger.*

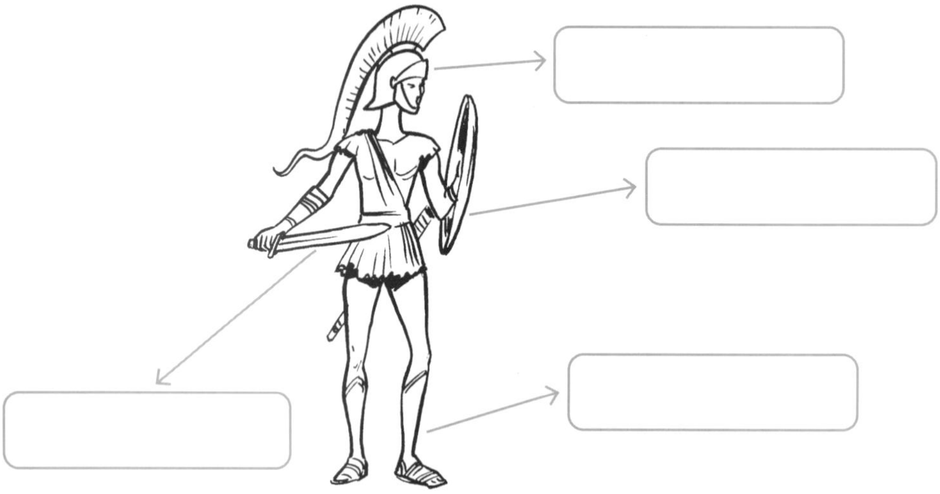

**Kindheit**

Die Erziehung in Sparta war sehr streng und auf das spätere Leben als Soldat ausgerichtet. Die Kinder lebten ab dem 7. Lebensjahr getrennt von ihren Eltern und erhielten eine harte, sportliche Ausbildung. Wenig Essen und dünne Kleidung sollten sie auf Hunger und Kälte vorbereiten. Die Mädchen trainierten im Gegensatz zu anderen Polis ebenfalls und durften sich freier bewegen.

2 *Heutzutage bezeichnet man das Leben von Menschen, die nur wenig besitzen und wenig brauchen, als „spartanisch". Erkläre den Begriff mit deinem Wissen über das Leben in Sparta.*

______________________________________________________________

______________________________________________________________.

**Frauen**

Die Frauen in Sparta hatten im Vergleich zu Frauen in anderen Polis viel mehr Verantwortung und Freiheiten. Die Mädchen lernten Lesen, Schreiben und Rechnen, und auch auf ihre sportliche Ausbildung wurde viel Wert gelegt. Während die Männer im Militär dienten, waren es die Frauen, die den Hof verwalteten, die Sklaven beaufsichtigten und die Kinder erzogen. Sie waren den Männern nicht gleichgestellt, hatten aber dennoch Mitsprache.

3 *Verfasse in deinem Heft einen Brief aus Sicht einer Frau an eine Freundin in der Polis Athen, in dem du kurz von deinem Alltag in Sparta berichtest.*

**Plakataufgaben:**

1 Führt ein Interview mit einem Spartaner. Fragt ihn nach seinem Leben, dem Leben seiner Frau und seiner Kinder. Nutzt dazu die Plakatkarten sowie weitere Sprechblasen.

2 Klebt das Interview an geeigneter Stelle auf euer Plakat.

## Bürger

In Athen fanden rund 40 Mal im Jahr Volksversammlungen statt, an denen alle Bürger teilnehmen durften, um über Gesetze abzustimmen und Wahlen durchzuführen. Sie konnten auch Gesetzesvorschläge einbringen. Alle Männer, die in Athen geboren und älter als 22 Jahre waren, galten als Bürger. Allerdings mussten auch ihre Eltern aus Athen stammen. Nur Bürgern war es erlaubt, Grund zu besitzen. Je größer der Grund war, desto angesehener war man bei den anderen. Alle Bürger waren dazu verpflichtet, Kriegsdienst zu leisten und Steuern zu zahlen.

**1** *Betrachte das Bild und beschreibe, wie die Bürger damals bei der Volksversammlung abgestimmt haben.*

______________________________________________

______________________________________________.

## Frauen und Kinder

Frauen und Kinder hatten kein Recht, politische Entscheidungen zu treffen. Ihr Leben fand ausschließlich zuhause statt. Die Frauen beaufsichtigten die Sklaven und kümmerten sich um die Erziehung der Kinder. An Festtagen war es den Frauen in Athen gestattet, das Haus zu verlassen.

## Metöken

Zu den Metöken zählten alle Personen, die nicht aus Athen stammten, sondern aus dem Ausland oder anderen Polis. Auch ihnen waren das Wahlrecht und eigener Grundbesitz verwehrt. Sie durften aber als Händler und Handwerker tätig sein und mussten Steuern zahlen.

## Sklaven

Die Sklaven hatten in Athen keine Rechte und keinen Besitz. Sie konnten für den Staat oder für Bürger und Metöken tätig sein. Sie halfen auf den Landgütern, waren als Hauslehrer tätig oder arbeiteten in Steinbrüchen. Sklaven durften nicht verletzt oder getötet werden.

**2** *Lies dir die Texte in den Sprechblasen durch. Schreibe darunter, zu welcher Personengruppe die Personen gehören, und ob sie das Beschriebene dürfen oder nicht.*

Ich stamme aus Sparta, lebe seit zwei Jahren in Athen und verkaufe Stoffe auf dem Markt. Ich möchte gerne über das neue Steuergesetz abstimmen.

______________________

Meine Familie lebt seit drei Generationen in Athen und hat einen großen Grundbesitz. Ich bin 23 Jahre alt und möchte gerne einen Gesetzesvorschlag einbringen.

______________________

Ich lebe mit meinem Mann und unseren drei Kindern in Athen. Morgen besuche ich die Volksversammlung und möchte über die Rechte der Händler abstimmen.

______________________

**Plakataufgaben:**

1. Schneidet die Plakatkarten aus und ordnet sie so an, dass man erkennen kann, wer am meisten Rechte hat.
2. Klebt die Karten auf das Plakat und schreibt bei jeder Personengruppe die Rechte und Pflichten dazu.

Die Wiege der Demokratie: Die Organisation der Volksversammlung

sirylok / stock.adobe.com

In der Antike herrschten anfangs die Adligen, jedoch wurde der Wille der Bürger mitzuentscheiden immer größer. Es entstand eine neue Herrschaftsform, die Demokratie, die bis heute in vielen Ländern der Erde umgesetzt wird. 443 v. Chr. übernahm Perikles eine führende Rolle in Athen und setzte sich für die erste Demokratie ein.
Auf der Pnyx (Hügel in Athen) trafen sich fortan mehrmals im Jahr alle Wahlberechtigten zur Volksversammlung und stimmten über Gesetze, Regierungsämter und Kriegsentscheidungen ab. Die Wahl fand per Hand statt. Wahlberechtigt waren alle Männer, die in Athen geboren waren, über 22 Jahre alt waren und bereits Kriegsdienst geleistet hatten. Frauen, Sklaven, Fremde und Kinder durften nicht abstimmen.

**1** *Unterstreiche im Text oben, wer gewählt hat, wie und worüber abgestimmt wurde.*

Zu den Wahlberechtigten gehörten 40 000 Männer. Man kann sich vorstellen, dass es schwierig war, mit so vielen Menschen eine Stadt zu regieren und Entscheidungen zu treffen. Die Athener führten deshalb den Rat der 500 ein, der jeweils für ein Jahr regierte, Gesetze vorschlug, Steuern erlies und die Polis und deren Staatskasse verwaltete. Aus dem Rat der 500 bildete sich der Rat der 50. Diese standen dann jeweils für 36 Tage im Jahr an oberster Stelle. Um alle Interessen zu vertreten, saßen in dem Rat immer Männer aus dem Umland, aus der Stadt und aus dem Hafen. Einmal im Jahr hatten die Bürger die Möglichkeit Personen abzuwählen, indem sie den Namen der Person auf eine Scherbe schrieben.

**2** *Erkläre, warum man das Abwahlverfahren der Athener auch als Scherbengericht bezeichnet.*

______________________________________________

______________________________________________.

Neben dem Rat der 500 wählten die Bürger auch noch Strategen für ein Jahr. Diese führten das Heer im Kriegsfall an und in Zeiten des Friedens organisierten sie die Versorgung der Athener. Es gab auch ein Gericht im damaligen Athen. Die Richter wurden per Los jeweils für ein Jahr ins Amt gewählt.

**3** *Verbinde die Ämter mit den jeweiligen Aufgaben.*

| | |
|---|---|
| Rat der 500 | • Vorsitzende des Gerichtes<br>• Verurteilung von Gesetzesbrechern |
| Strategen | • Erlass von Steuern und Gesetzen<br>• Verwaltung der Staatskasse<br>• Verwaltung der Polis |
| Richter | • Anführer des Heeres<br>• Versorgung der Bevölkerung |

**Plakataufgaben:**

Schneidet die Plakatkarten aus und klebt sie so auf ein Blatt und dann auf das Plakat, dass man das politische System der Demokratie versteht.

Alexander der Große wurde als Sohn des makedonischen Königs Philipp II. und seiner Ehefrau Olympias geboren. Er erlebte eine strenge Erziehung und Ausbildung durch den berühmten Philosophen Aristoteles. Sein Vater nutzte die Machtkämpfe der griechischen Polis und eroberte nach und nach die griechischen Stadtstaaten. Im Jahr 336 v. Chr. kam Alexander mit Anfang zwanzig an die Macht und verfolgte die Pläne seines Vaters, der die Herrschaft über Persien erlangen wollte.

**1** *Betrachte Alexander den Großen auf dem Bild. Nenne fünf Eigenschaften (Adjektive), die er besitzen muss, wenn er das Königreich seines Vaters übernimmt.*

______________________________________________________________

______________________________________________________________.

Zwei Jahre, nachdem er zum König ausgerufen wurde, begann er seinen ersten Feldzug gegen das Persische Reich. 333 v. Chr. besiegte er den persischen König zum ersten Mal und das, obwohl sein Heer in der Unterzahl war. In den folgenden elf Jahren schlug er den persischen König noch weitere Male und eroberte das Persische Reich. Er gründete bedeutende Städte wie Alexandria. Da ihm das nicht genug war und er Herrscher von ganz Asien werden wollte, drang er bis nach Indien vor. Dann streikte allerdings sein Heer und er trat den Rückzug an.

**2** *Die Abbildung stellt die Feldzüge von Alexander dem Großen dar. Nenne sechs Länder (die du heute kennst), die von Alexander durchquert wurden. Nutze einen Atlas.*

________________

________________

________________

________________

________________

________________

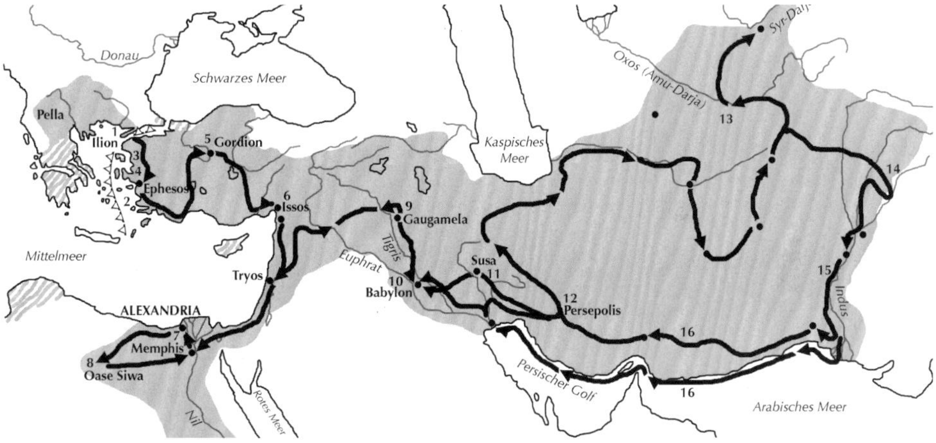


Hellas ist die Bezeichnung für Griechenland. Die Epoche von Alexander dem Großen wird als Hellenismus bezeichnet, weil sich die griechische Kultur und die politischen Strukturen durch die Feldzüge von Alexander dem Großen in ganz Persien ausbreiteten. Schätzungsweise 100 Millionen Menschen wurden von ihm regiert.

**3** *Beende den Satz sinnvoll.*

Hellenismus bezeichnet ______________________________________________.

**Plakataufgaben:**

Erstellt mithilfe der Plakatkarte einen Steckbrief von Alexander dem Großen und klebt ihn auf euer Plakat.

**Gliederung: Bildung von Stadtstaaten**

| Typische Landschaften Griechenlands |
| --- |
| |

**Polis**

Erklärung:

________________________________

________________________________

________________________________

________________________________

**Sparta** ← → **Athen**

**Gliederung: Die Polis Sparta**

**Interviewer:**

________________________________

________________________________

________________________________

________________________________

**Spartaner:**

________________________________

________________________________

________________________________

________________________________

**Aufbau der griechischen Gesellschaft: Athen**

| Metöken | Bürger | Sklaven | Frauen + Kinder |
| --- | --- | --- | --- |

**Die Wiege der Demokratie: Die Organisation der Volksversammlung**

Richter

Volksversammlung
(stimmberechtigte männliche Bürger der Polis Athen)

Rat der 50
(Regierung)

Los

Wahl

Volk
(Frauen, Kinder, Mitbewohner, Sklaven
→ nicht stimmberechtigt)

Rat der 500

Strategen
(Feldherren im Kriegsfall)

Los

**Ausbreitung des antiken Griechenlands: Alexander der Große**

## Steckbrief

Name: ______________________________

Eltern: ______________________________

Lehrer: ______________________________

Beruf: ______________________________

Feldzüge:

______________________________

______________________________

______________________________

**So in etwa könnte das Lernplakat aussehen:**

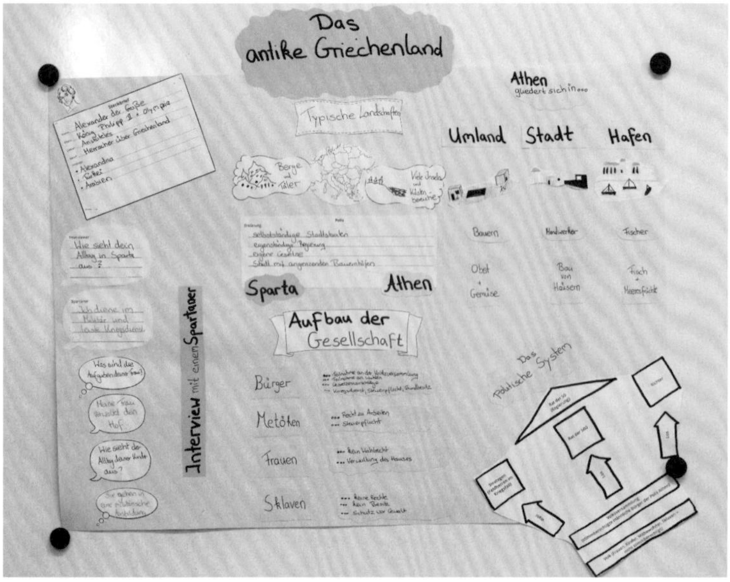


Über diesen QR-Code ist das Foto farbig abrufbar:

## Gliederung: Bildung von Stadtstaaten

1

2 Reihenfolge: Meer, Inseln, Gebirge, heißen, trocken
3 Es entstanden kleine Polis, weil es durch die hohen Berge schwer war, in eine andere Siedlung zu gelangen.
4 Sprache, Schrift, Götter, Religion, Olympische Spiele

## Gliederung: Die Polis Athen

1

akg / North Wind Picture Archives

Hafen Piräus

Umland Attika

akg / North Wind Picture Archives

Stadt Athen

**2** Fischer, Zimmermann, Schneider, Haendler, Maurer

| | | | | | | | | | |
|---|---|---|---|---|---|---|---|---|---|
| D | F | I | S | C | H | E | R | C | Y |
| Z | I | M | M | E | R | M | A | N | N |
| H | L | C | G | N | W | M | D | R | A |
| A | N | M | L | W | N | W | P | R | Z |
| E | W | A | I | P | U | U | B | V | R |
| N | B | U | Z | G | S | M | D | S | Q |
| D | D | R | N | W | E | Y | G | U | A |
| L | F | E | F | G | L | F | H | L | W |
| E | J | R | A | S | I | K | X | S | V |
| R | S | C | H | N | E | I | D | E | R |

**3** Steuern waren für die Polis wichtig, denn damit wurden öffentliche Gebäude, Tempelanlagen und Verteidigungsanlagen gebaut und in Schuss gehalten.

### Gliederung: Die Polis Sparta

**1**

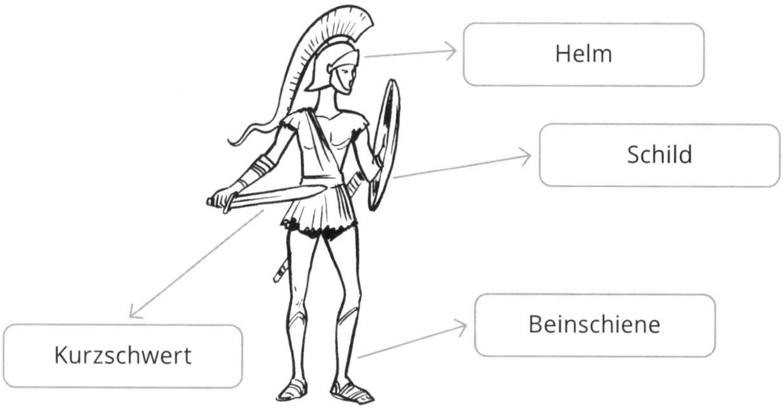


**2** Die Kinder in Sparta sollten auf ihr Leben als Krieger vorbereitet werden. Deswegen bekamen sie nur wenig Essen und dünne Kleidung. Sie besaßen und brauchten also nur wenig, genauso wie Menschen, die heutzutage „spartanisch" leben.

**3** individuelle Lösung (Brief)

### Aufbau der griechischen Gesellschaft: Athen

**1** Das Bild zeigt eine Volksversammlung in Athen. Die Menschen haben damals mit Handzeichen abgestimmt.

**2** Sprechblase 1 (links): Metöke → nein, darf nicht über Gesetze abstimmen
Sprechblase 2 (Mitte): Bürger aus Athen → ja, darf einen Gesetzesvorschlag einbringen
Sprechblase 3 (rechts): Frau aus Athen → nein, darf nicht über Gesetze abstimmen

**Die Wiege der Demokratie: Die Organisation der Volksversammlung**

1 Wer: alle Männer, die in Athen geboren waren, über 22 Jahre alt waren und ihren Kriegsdienst bereits abgeleistet hatten
Wie: per Hand
Worüber: Gesetze, Regierungsämter und Kriegsentscheidungen

2 Man bezeichnet das Abwahlverfahren auch als Scherbengericht, da man den Namen der Person, die man abwählen wollte, auf eine Scherbe schrieb.

3

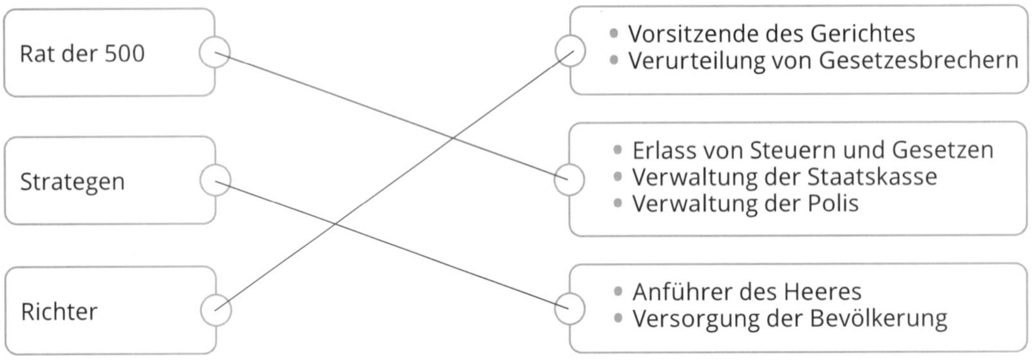


**Ausbreitung des antiken Griechenlands: Alexander der Große**

1 stark, mächtig, gerecht, furchtlos, gebildet
2 zum Beispiel: Ägypten, Syrien, Türkei, Irak, Iran, Afghanistan
3 Hellenismus bezeichnet die Epoche von Alexander dem Großen.

**Lösung für die Plakatkarten**

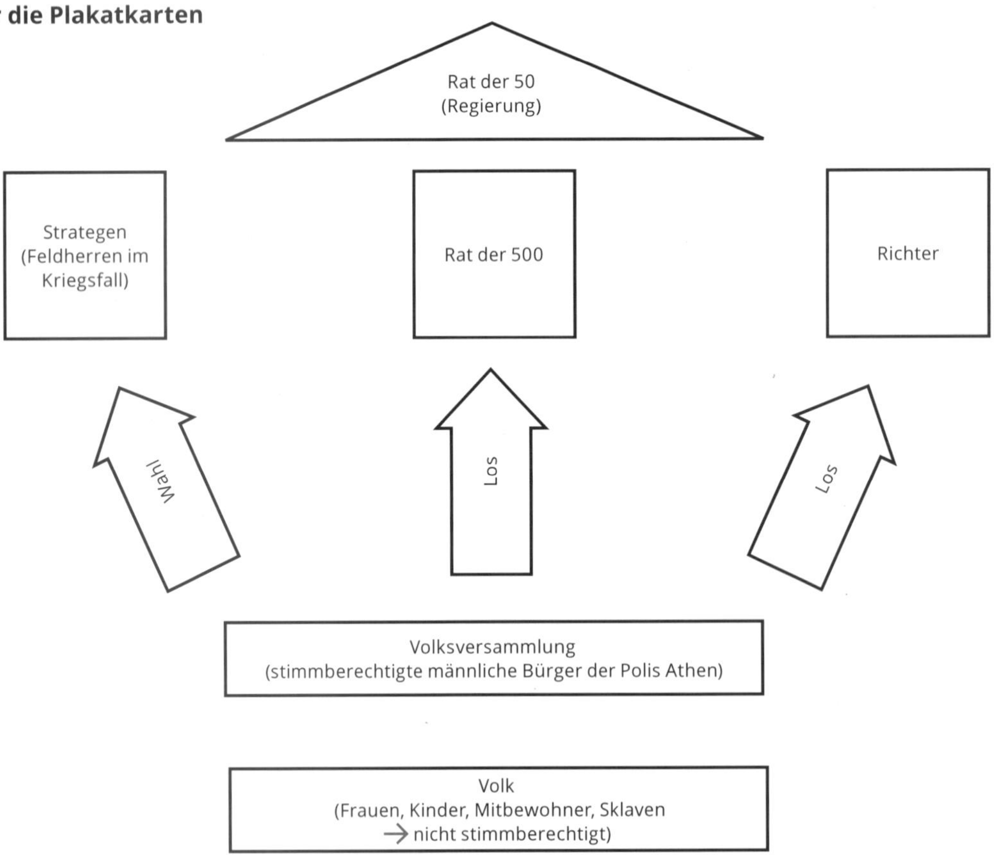

Die Kindheit: Kinder in Sparta und in Athen

## Kindheit in Sparta

Die Erziehung in Sparta war sehr streng und bei den Jungen auf das spätere Leben als Soldat ausgerichtet. Die Jungen blieben bis zum 7. Geburtstag bei ihren Eltern, danach übernahm der Staat deren Ausbildung. Dort wuchsen sie in kleinen Rudeln auf und wurden auf ihr Soldatenleben vorbereitet. Sie lernten, in der Natur zu überleben, trainierten viel und übten den Umgang mit Waffen. Ab dem 20. Lebensjahr traten sie in das Militär ein und waren ab da Soldaten. Im Alter von 30 Jahren war es ihnen erlaubt, eine Familie zu gründen, doch sie verbrachten weiterhin die meiste Zeit mit den anderen Soldaten und leisteten Kriegsdienste. Die Mädchen wurden ebenfalls trainiert, und zwar um später kräftige Kinder zu gebären.

**1** *Verbinde, was zusammenpasst.*

| | |
|---|---|
| 0 – 6 Jahre | Sie durften eine Familie gründen. |
| 7 – 20 Jahre | Sie dienten als Soldaten. |
| 20 – 60 Jahre | Die Erziehung war streng und bereitete sie auf das Militär vor. |
| Ab 30 Jahre | Sie wuchsen in Rudeln auf. |
| | Jungen wuchsen zuhause auf. |

## Kindheit in Athen

Bis zu ihrem 7. Lebensjahr wuchsen die Kinder bei ihrer Familie auf. Danach besuchten die Jungen eine Privatschule, die meist im Haus des Lehrers stattfand. Da die Schule von den Eltern selbst bezahlt werden musste, konnten sich diese nicht alle Athener leisten. Im Vordergrund standen in Athen das Rechnen, Schreiben und Lesen. Die Jungen lernten die Verse von Homer und übten sich im Reden halten. Später wurde auch die sportliche Ausbildung immer wichtiger. Ab dem 18. Lebensjahr gingen die Jungen für zwei Jahre zum Militär. Die Mädchen besuchten keine Schule, sondern wurden zuhause auf die Aufgaben ihres späteren Lebens als Ehefrau vorbereitet.

**2** *Entscheide, ob das Kind in Sparta oder in Athen aufgewachsen ist.*

| | | |
|---|---|---|
| Mein Name ist Athemis. Meine Lieblingsdisziplin ist das Speerwerfen, darin bin ich besonders gut. | Ich schlafe mit den anderen Jungen auf engstem Raum und schon zum Morgengrauen beginnt unser Sportunterricht. | Später möchte ich gerne Politiker werden. Dafür strenge ich mich in der Schule besonders beim Schreiben und Reden halten an. |
| ______________ | ______________ | ______________ |

**Plakataufgaben:**

1. Zeichnet auf euer Plakat eine Mindmap mit der Überschrift in der Mitte „Leben im antiken Griechenland“. Eure Mindmap soll fünf Äste haben.
2. Beschriftet einen Ast mit dem Begriff „Kindheit“.
3. Klebt die Plakatkarten an Unteräste und beschreibt darauf die Kindheit in Sparta und in Athen.

Das Leben in den einzelnen Polis unterschied sich stark voneinander, jedoch einte sie der Glaube an die Götter. Die Götter sahen wie Menschen aus und besaßen sowohl menschliche als auch übernatürliche Eigenschaften. Jeder Gott und jede Göttin hatte einen eigenen Bereich, über den er oder sie herrschte. Die Menschen stellten sich vor, dass die Götter ihr Leben beeinflussten. Sie glaubten an Bestrafung und Belohnung durch die Götter. Da sie den Zorn der Götter fürchteten, opferten sie täglich für sie an einem kleinen Hausaltar. Es gab auch große Tempelanlagen, die den einzelnen Göttern zu Ehren gebaut wurden.

**1** *Unterstreiche im Text oben die Eigenschaften der Götter in Rot. Markiere in Blau, wie die Menschen die Götter verehrten.*

Der Sage nach stammten alle Götter von Gaia (der Erde) und Uranos (dem Himmel) ab. Sie hatten einen Sohn, Kronos. Dieser wurde von seinen eigenen drei Söhnen Zeus, Poseidon und Hades getötet, die fortan über jeweils einen Bereich herrschten.

**2** *Betrachte die Götter und verbinde sie mit ihren Eigenschaften.*

*Poseidon*

*Zeus*

Ich bin der Herrscher über das Licht, die Musik und die Künste. Man erkennt mich an meinem Musikinstrument.

Ich bin der Herrscher über die Götter und die Menschen, lebe auf dem Olymp und wache über Blitz und Donner.

Ich bin der Herrscher über das Meer. Man erkennt mich an meinem Dreizack. Ich bestimme über Überschwemmungen und Erdbeben.

Ich bin die Herrscherin über den Ackerbau und bestimme über die Fruchtbarkeit und Erträge der Pflanzen.

Ich bin die Herrscherin über die Tiere und bestimme über das Jagdglück der Menschen.

*Demeter*

*Artemis*

*Apollon*

Neben den Göttern verehrten die Griechen auch Halbgötter, die von einem göttlichen Wesen und einem Menschen abstammten. Herakles, Sohn des Gottes Zeus und Alkmene, seiner menschlichen Mutter, ist auch bekannt unter dem Namen Herkules. Er war ein großes Vorbild für die Menschen von damals. Er musste zwölf göttliche Prüfungen bestehen und schaffte es als einziger Halbgott nach seinem Tod in den Olymp.

**3** *Erkläre, warum Herkules ein Halbgott war.*

______________________________________________.

**Plakataufgaben:**

1. Beschriftet einen Ast mit dem Begriff „Glaube".
2. Sucht euch einen Gott und eine Göttin aus.
3. Zeichnet die beiden Figuren mit den typischen Erkennungsmerkmalen, klebt sie an Unteräste auf euer Plakat und beschriftet sie.
4. Formuliert auf den Plakatkarten eine Bitte an den Gott und eine Bitte an die Göttin und klebt sie auf.

# Der Sport: Die Olympischen Spiele

In der Stadt Olympia wurden ab dem Jahr 776 v. Chr. die Olympischen Spiele ausgetragen. Diese sind nicht mit den heutigen Olympischen Spielen zu vergleichen, die man aus dem Fernsehen kennt. Damals fanden sie alle vier Jahre statt. Mit diesem Sportereignis wollten die Griechen ihren höchsten Gott Zeus ehren. Für den Zeitraum der Spiele vereinbarten die Griechen den sogenannten „Gottesfrieden“, der besagt, dass alle Kriege während dieser Zeit eingestellt werden.

**1** *Entscheide, ob die Aussagen auf die heutigen Olympischen Spiele zutreffen oder auf die in der Antike. Verbinde, was zusammenpasst.*

Die Sportler treffen 30 Tage vor den Spielen ein und trainieren.

Die Sportler kommen aus der ganzen Welt.

Die Sportler kommen nur aus Griechenland.

Es gibt die Olympischen Winterspiele und die Sommerspiele.

**2** *Um welche Sportarten handelt es sich? Schreibe die Begriffe korrekt zu den passenden Bildern.*

*Rngien • Lfuaen • Wrennenagen • Spwureefr • Dikuss*

___________________

___________________

___________________

___________________

___________________

Die Sieger gingen als Helden aus den Olympischen Spielen hervor. Sie erhielten einen Kranz aus Olivenzweigen, der als heilig galt. Außerdem bekamen sie wertvolle Preise überreicht und wurden in ihrer Polis von allen verehrt. In Griechenland findet man noch heute viele Statuen, die zu Ehren der Sieger errichtet wurden.

**3** *Vergleiche die Preise, die ein Olympiasieger heute bekommt und damals bekommen hat.*

Antike: ______________________ Heute: ______________________

**Plakataufgaben:**

1. Beschriftet einen Ast mit dem Begriff „Olympia“.
2. Zeichnet ein Bild eines Olympioniken des antiken Griechenlands und klebt es auf.
3. Schreibt mithilfe der Plakatkarten und Sprechblasen (oder Rahmen) drei kurze Briefe des Sportlers an einen Freund und klebt sie an Unteräste.

Die Wissenschaft: Fortschritte in der Medizin, Mathematik und Physik

Lange Zeit glaubten die Menschen, dass ein Unwetter mit Donner, Blitzen und Hagel durch den Zorn der Götter entsteht. Im Laufe der Antike entwickelten sich aber sogenannte Denkschulen in Griechenland. Dort begannen die Menschen über Phänomene der Natur nachzudenken und versuchten sie zu erklären. Es entstanden viele Wissenschaften, die wir noch heute kennen.

**1** *Welche Naturwissenschaften kennst du? Denke dabei an deine Schulfächer.*

______________________________________________________________________.

„Heureka“, das so viel heißt wie „ich habe es gefunden“, war ein Ausruf, der die Zeit von damals prägte. Er stammt von dem Mathematiker und Physiker Archimedes. Viele mathematische und physikalische Gesetze, die man heute im Laufe der Schullaufbahn lernt, wurden bereits in der Antike entdeckt. Der Satz des Phythagoras, der Satz des Thales und die Hebelgesetze sind nur einige Beispiele davon.

**2** *Ordne den Erfindungen (Bildern) die passenden Texte zu.*

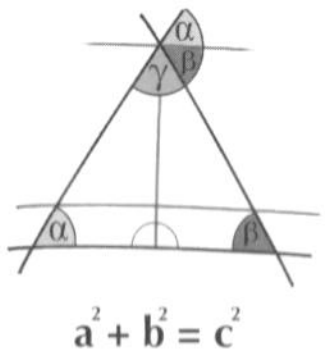


Wichtige mathematische Gesetze wurden entdeckt. Ein Beispiel ist der Satz des Pythagoras aus der Geometrie.

Mithilfe der Gesetze des Auftriebes konnte Archimedes beweisen, ob ein Gegenstand aus reinem Gold war.

Die Entdeckung der Hebelgesetze ermöglichte es den Menschen, schwere Gegenstände anzuheben.

Die Wissenschaftler erfanden Wasserpumpen und konnten damit Wasser transportieren.

In der Antike wurden erstmals Krankheiten nicht mehr als Zorn Gottes gesehen, sondern von Ärzten behandelt. Der „hippokratische Eid“, den heute viele Ärzte ablegen, geht auf einen Arzt der Antike zurück.

Bereits in der Antike entdeckte Aristoteles, dass die Erde eine Kugelform hat. Dem Wissenschaftler Ptolemäus gelang es, die Bewegung der anderen Planeten und deren Stand zueinander zu berechnen und als Karte darzustellen.

**3** *Wie stellten sich die Menschen vor der Antike die Welt vor und wie nach den neuen Erkenntnissen in der Antike? Male jeweils ein Bild.*

**Plakataufgaben:**

1. Beschriftet einen Ast mit dem Begriff „Wissenschaft“.
2. Notiert auf Unterästen drei wichtige Entdeckungen dieser Zeit.
3. Schreibt bei jeder Entdeckung dazu, warum diese wichtig war.

Heute geht man ins Kino, sieht fern oder liest ein Buch, wenn man unterhalten werden möchte. In der Antike gab es noch keine solchen technischen Geräte. Um unterhalten zu werden, gingen die Menschen ins Theater oder lauschten den Sagenerzählern (Rhapsoden). Der wohl bekannteste Sagenerzähler ist bis heute Homer, der etwa um 700 v. Chr. lebte. Seine zwei Dichtungen „Ilias“ und die „Odysse“ waren die wichtigsten Sagen zu dieser Zeit.

**1** *Welche Sagen kennst du noch? Nenne drei Sagen. Wenn dir keine einfallen, blättere in deinem Deutschbuch.*

________________________________________

Die „Ilias“ handelt von dem trojanischen Krieg, in dem die Griechen um die Stadt Troja kämpften. Diese umfasst 15 693 Verse und war in Reimform geschrieben. Der trojanische Königssohn Paris hatte die schöne Helene entführt, die die Griechen durch die Erstürmung der Stadt befreien wollten. Im Mittelpunkt stehen der griechische Kämpfer Achilles und seine Taten.

**2** *Finde jeweils drei Reimwörter zu „Paris“ und „Helene“.*

- ________________________________________
- ________________________________________

Die „Odyssee“ handelt von dem Ende des Krieges und den Irrfahrten des griechischen Kriegshelden Odysseus. Die Griechen wendeten eine List an und bauten ein riesiges Holzpferd, in dem sie ihre Krieger versteckten. Die Trojaner zogen das Pferd in die Stadt und besiegelten damit ihr Schicksal. Über Nacht kamen die Kämpfer aus dem Bauch des Pferdes und eroberten die Stadt Troja. Im Weiteren wird die Irrfahrt von Odysseus beschrieben, auf der ihn der Zorn der Götter traf und er viele Prüfungen bestehen musste. Einäugige Riesen und Meeresungeheuer forderten ihn auf seiner Fahrt heraus.

**3** *Beschreibe die List des trojanischen Pferdes. Wie drangen die Krieger in die Stadt Troja ein?*

________________________________________

________________________________________

________________________________________

________________________________________.

**Plakataufgaben:**

1. Beschriftet einen Ast mit dem Begriff „Kultur“.
2. Unterteilt diesen in zwei Unteräste und beschriftet einen mit dem Begriff „Homer“.
3. Malt einen Comic mit Sprechblasen, der die Eroberung Trojas darstellt.

Die Antike war nicht nur die Wiege unserer heutigen Demokratie und vieler Wissenschaften, sondern auch viele kulturelle Dinge entwickelten sich in dieser Zeit, zum Beispiel: die Architektur, die Bildhauerei, die Kunst, die Philosophie und das Theater.

**1** *Die Antike war für viele Bereiche prägend. Zähle die Bereiche auf, die besonders von der Antike geprägt wurden.*

______________________________________________________________________.

Untersucht man die deutsche Sprache genauer, stellt man fest, dass viele Wörter aus dem Griechischen stammen. Im Theater werden „Dramen" gespielt, im Sport wird „Gymnastik" gemacht. Die „Idee" stammt genauso wie das Wort „Kino" aus dem Griechischen. Blättert man durch das Mathematikbuch, stößt man auf einige griechische Buchstaben.

| Zeichen | Name | Transkription | Zeichen | Name | Transkription |
|---|---|---|---|---|---|
| Α, α | Alpha | a | Ν, ν | Ny | n |
| Β, β | Beta | b | Ξ, ξ | Xi | x |
| Γ, γ | Gamma | g | Ο, ο | Omikron | o |
| Δ, δ | Delta | d | Π, π | Pi | p |
| Ε, ε | Epsilon | e | Ρ, ς | Rho | r |
| Ζ, ζ | Zeta | z | Σ, σ | Sigma | s |
| Η, η | Eta | ē | Τ, τ | Tau | t |
| Θ, θ | Theta | th | Υ, υ | Ypsilon | y |
| Ι, ι | Iota | i | Φ, φ | Phi | ph |
| Κ, κ | Kappa | k | Χ, χ | Chi | ch |
| Λ, λ | Lambda | l | Ψ, ψ | Psi | ps |
| Μ, μ | My | m | Ω, ϖ | Omega | ō |

**2** *Schreibe deinen Namen und zwei weitere Wörter in altgriechischer Schrift.*

______________________________________________________________________

______________________________________________________________________

Morphart / stock.adobe.com

Theaterstücke fanden erstmals im antiken Griechenland statt. Die ersten Stücke sind nicht mit dem Theater von heute zu vergleichen, weil sie nur aus einem Chor bestanden, der sang und tanzte. Erst später gab es Schauspieler, die eine Handlung vortrugen. Mithilfe von Masken schlüpften sie in verschiedene Rollen. Auf der Bühne wurden Komödien, lustige Stücke, und die Tragödien, traurige Stücke, aufgeführt.

**3** *Finde im Suchrätsel sieben Begriffe zum Thema Theater.*

| | | | | | | | | | | | | | | |
|---|---|---|---|---|---|---|---|---|---|---|---|---|---|---|
| D | D | J | C | E | Q | C | Q | U | K | G | W | D | S | Y |
| Y | Q | B | Q | M | H | U | S | S | X | U | J | W | G | X |
| J | E | N | H | E | U | B | P | E | K | S | A | M | H | R |
| X | X | R | O | H | C | V | N | T | R | H | R | S | B | E |
| V | T | X | Q | K | J | L | K | R | E | C | H | F | N | L |
| R | J | X | W | O | U | J | K | H | L | J | I | T | A | A |
| W | E | C | T | M | V | H | V | E | E | X | L | L | Z | U |
| C | V | C | R | O | H | P | F | B | I | B | Q | X | T | T |
| O | M | D | A | E | V | L | R | F | P | C | Y | I | H | M |
| H | M | F | G | D | F | C | R | T | S | Y | T | E | E | D |
| F | L | U | O | I | Q | Y | D | I | U | C | Q | F | A | L |
| K | X | X | E | E | M | V | E | G | A | R | C | L | T | J |
| V | T | Y | D | C | W | R | N | S | H | W | B | I | E | W |
| H | T | B | I | P | S | A | D | U | C | S | E | M | R | T |
| R | P | D | E | F | S | E | P | H | S | J | V | X | T | Z |

**Plakataufgaben:**

1. Beschriftet den zweiten Unterast von „Kultur" mit dem Begriff „Theater".
2. Schreibt den Begriff „Theater" in altgriechischen Buchstaben dazu.
3. Erklärt die Begriffe „Komödie" und „Tragödie" auf eurem Plakat.

**Die Kindheit: Kinder in Sparta und in Athen**

| Meine Kindheit in Sparta | Meine Kindheit in Athen |
|---|---|
| ______________________ | ______________________ |
| ______________________ | ______________________ |
| ______________________ | ______________________ |
| ______________________ | ______________________ |
| ______________________. | ______________________. |

**Der Glaube: Götterkult**

| Lieber Gott, ich bitte dich ... | Liebe Göttin, ich bitte dich ... |
|---|---|
| ______________________ | ______________________ |
| ______________________ | ______________________ |
| ______________________ | ______________________ |
| ______________________ | ______________________ |
| ______________________. | ______________________. |

**Der Sport: Die Olympischen Spiele**

| | | |
|---|---|---|
| Lieber ____________,<br>heute berichte ich dir,<br>wie die Spiele abliefen.<br>... | Lieber ____________,<br>heute berichte ich dir,<br>was ich gewonnen habe.<br>... | Lieber ____________,<br>heute berichte ich dir,<br>was ich bei meiner<br>Disziplin machen muss.<br>... |

**So in etwa könnte das Lernplakat aussehen:**

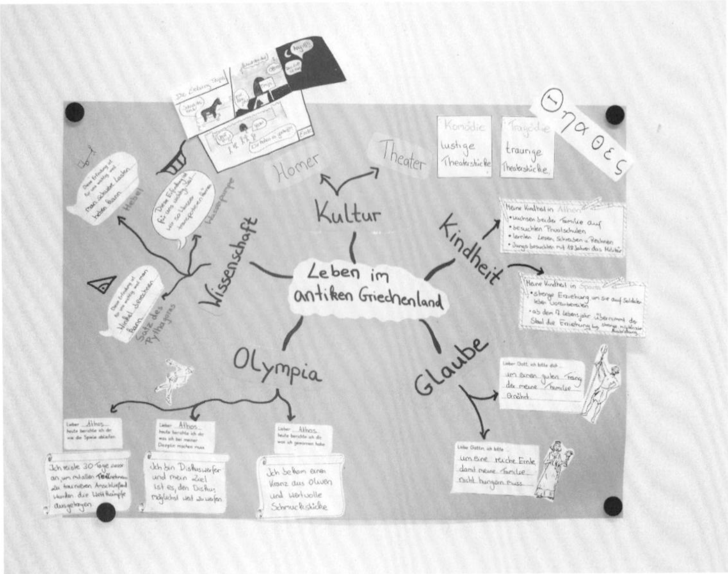


Über diesen QR-Code ist das Foto farbig abrufbar:

**Die Kindheit: Kinder in Sparta und in Athen**

1

0 – 6 Jahre: Jungen wuchsen zuhause auf.
7 – 20 Jahre: Sie wuchsen in Rudeln auf. Die Erziehung war streng und bereitete sie auf das Militär vor.
20 – 60 Jahre: Sie dienten als Soldaten.
Ab 30 Jahre: Sie durften eine Familie gründen.

2

| | | |
|---|---|---|
| Mein Name ist Athemis. Meine Lieblingsdisziplin ist das Speerwerfen, darin bin ich besonders gut. | Ich schlafe mit den anderen Jungen auf engstem Raum und schon zum Morgengrauen beginnt unser Sportunterricht. | Später möchte ich gerne Politiker werden. Dafür strenge ich mich in der Schule besonders beim Schreiben und Reden halten an. |
| Sparta | Sparta | Athen |

**Der Glaube: Götterkult**

1

- Rot (Eigenschaften der Götter): sahen wie Menschen aus, menschliche und übermenschliche Eigenschaften, eigener Herrschaftsbereich, bestraften und belohnten die Menschen
- Blau (Möglichkeiten der Verehrung): tägliche Opfer, Tempelanlagen

2

*Zeus:* Ich bin der Herrscher über die Götter und die Menschen, lebe auf dem Olymp und wache über Blitz und Donner.
*Poseidon:* Ich bin der Herrscher über das Meer. Man erkennt mich an meinem Dreizack. Ich bestimme über Überschwemmungen und Erdbeben.
*Artemis:* Ich bin die Herrscherin über die Tiere und bestimme über das Jagdglück der Menschen.
*Demeter:* Ich bin die Herrscherin über den Ackerbau und bestimme über die Fruchtbarkeit und Erträge der Pflanzen.
*Apollon:* Ich bin der Herrscher über das Licht, die Musik und die Künste. Man erkennt mich an meinem Musikinstrument.

3 Herkules war ein Halbgott, da sein Vater ein Gott war (Zeus) und seine Mutter ein Mensch (Alkmene).

### Der Sport: Die Olympischen Spiele

**1**
- Antike: Die Sportler treffen 30 Tage vor den Spielen ein und trainieren. Die Sportler kommen nur aus Griechenland.
- Heute: Die Sportler kommen aus der ganzen Welt. Es gibt die Olympischen Winterspiele und die Sommerspiele.

**2**

Ringen

Laufen

Wagenrennen

Speerwurf

Diskus

**3**
- Antike: heiliger Kranz, wertvolle Preise
- Heute: Medaillen, Preisgelder

### Die Wissenschaft: Fortschritte in der Medizin, Mathematik und Physik

**1** zum Beispiel: Biologie, Physik, Chemie

**2**

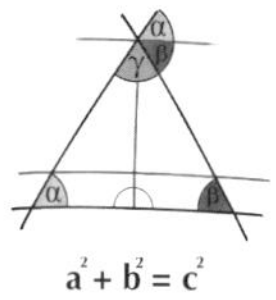


Wichtige mathematische Gesetze wurden entdeckt. Ein Beispiel ist der Satz des Pythagoras aus der Geometrie.

Mithilfe der Gesetze des Auftriebes konnte Archimedes beweisen, ob ein Gegenstand aus reinem Gold war.

Die Entdeckung der Hebelgesetze ermöglichte es den Menschen, schwere Gegenstände anzuheben.

Die Wissenschaftler erfanden Wasserpumpen und konnten damit Wasser transportieren.

In der Antike wurden erstmals Krankheiten nicht mehr als Zorn Gottes gesehen, sondern von Ärzten behandelt. Der „hippokratische Eid", den heute viele Ärzte ablegen, geht auf einen Arzt der Antike zurück.

**3**
vor der Antike: Erde als Scheibe
nach den neuen Erkenntnissen in der Antike: Erde als Kugel

### Die Kultur: Die Sagen von Homer

**1** zum Beispiel: Der Rattenfänger von Hameln, Die Nibelungensage, Die Loreley

**2**
- Paris: Basis, Verhältnis, Hindernis
- Helene: Pläne, Szene, Späne

**3** Die Griechen bauten ein großes Holzpferd. In diesem konnten sich die Krieger verstecken und unbemerkt in die Stadt Troja gelangen.

## Die Kultur: Theater, Kunst und Philosophie

1 Politik, Naturwissenschaften, Kultur
2 individuelle Lösung
3 Buehne, Maske, Chor, Tragoedie, Komoedie, Schauspieler, Theater

| | | | | | | | | | | | | | | |
|---|---|---|---|---|---|---|---|---|---|---|---|---|---|---|
| D | D | J | C | E | Q | C | Q | U | K | G | W | D | S | Y |
| Y | Q | B | Q | M | H | U | S | S | X | U | J | W | G | X |
| J | E | N | H | E | U | B | P | E | K | S | A | M | H | R |
| X | X | R | O | H | C | V | N | T | R | H | R | S | B | E |
| V | T | X | Q | K | J | L | K | R | E | C | H | F | N | L |
| R | J | X | W | O | U | J | K | H | L | J | I | T | A | A |
| W | E | C | T | M | V | H | V | E | E | X | L | L | Z | U |
| C | V | C | R | O | H | P | F | B | I | B | Q | X | T | T |
| O | M | D | A | E | V | L | R | F | P | C | Y | I | H | M |
| H | M | F | G | D | F | C | R | T | S | Y | T | E | E | D |
| F | L | U | O | I | Q | Y | D | I | U | C | Q | F | A | L |
| K | X | X | E | E | M | V | E | G | A | R | C | L | T | J |
| V | T | Y | D | C | W | R | N | S | H | W | B | I | E | W |
| H | T | B | I | P | S | A | D | U | C | S | E | M | R | T |
| R | P | D | E | F | S | E | P | H | S | J | V | X | T | Z |

Die Gründung des Römischen Reiches: Die Sage von Romulus und Remus

**1** *Bringe die Sage von der Gründung Roms in die richtige Reihenfolge.*

Lagui / Shutterstock

| | |
|---|---|
| 1 | Die Zwillingsbrüder Romulus und Remus entstammten einer alten Königsfamilie. |
| | Doch der Korb blieb am Ufer hängen. Eine Wölfin fand die Zwillinge und säugte sie. |
| | Dabei zerstritten sie sich und Romulus erschlug seinen Bruder Remus. |
| | Als sie von ihrer Herkunft erfuhren, verjagten sie den grausamen Onkel. Sie beschlossen, am Tiber eine neue Stadt zu gründen. |
| | Ihr herrschsüchtiger Onkel wollte die beiden Säuglinge töten. Er setzte sie in einem Korb auf dem Fluss Tiber aus. |
| | Später nahm ein Hirte die Jungen zu sich und zog sie auf. Sie wuchsen zu kräftigen jungen Männern heran. |
| | Romulus wurde der erste König der neuen Stadt. Wegen seines Namens wurde die Stadt „Rom“ genannt. |

**2** *Auch heute noch ist die Wölfin ein Wahrzeichen Roms. Erkläre, warum.*

________________________________________

________________________________________.

Viele Wissenschaftler haben sich mit den Anfängen Roms beschäftigt. Aufgrund von Funden gehen sie davon aus, dass Rom etwa 900 v. Chr. ein kleines Bauerndorf war. Dieses lag auf einem Hügel am Tiber, von dort konnte man Feinde früh entdecken. Um das Bauerndorf Rom herum gab es sechs weitere Hügel, wo sich ebenfalls Bauern ansiedelten. Etwa 600 v. Chr. schlossen sich die Dörfer zu einer Stadt zusammen. Um die sieben Hügel herum wurde eine Stadtmauer errichtet.

**3** *Wer hat recht? Entscheide dich und begründe deine Wahl.*

Also ich denke, die Wissenschaftler haben recht, weil …

Ne, die Sage hört sich doch viel spannender an!

Ich denke, …

________________________

________________________

________________________.

**Plakataufgaben:**

1. Zeichnet einen Zeitstrahl, der euer ganzes Plakat ausfüllt und beschriftet ihn mit „Die Entwicklung des Römischen Reiches“.
2. Stellt die Sage von Romulus und Remus zum Beispiel als Bildergeschichte dar und klebt sie an den Anfang des Zeitstrahls.

Das Römische Reich breitete sich in kürzester Zeit immer weiter aus. Dies lag unter anderem daran, dass die römischen Soldaten die erfolgreichste Armee der Welt bildeten. Die römischen Soldaten wurden auch Legionäre genannt und in Legionen eingeteilt. Eine Legion bestand aus 6000 Legionären. Sie waren gut ausgebildet und ausgestattet.

**1** *Hier sind Buchstaben durcheinandergeraten. Finde die richtigen Begriffe und beschrifte die Abbildung eines Legionärs.*

PERES

______________________

ETTEKNHMDE

______________________

ANDASNEL

______________________

GEMRAHCSKPÄC

______________________

HSICLDTZUSHC

______________________

RZUKSCHRTEW

______________________

Nur römische Bürger konnten Legionäre werden. Von ihnen wurde erwartet, dass sie sportlich, groß, gesund und schlank waren. Natürlich sollten sie auch lesen und schreiben können. Damit sie ihre Feinde schnell hören und sehen konnten, waren auch die Augen und Ohren wichtig. Um Legionär zu werden, musste man eine halbjährige Ausbildung absolvieren.

**2** *Es werden neue Legionäre gesucht! Schreibe eine Stellenanzeige, beginne so: „Du bist ...“*

**GESUCHT**

______________________________________________

______________________________________________

______________________________________________.

Oft musste ein Legionär 25 Kilometer an einem Tag marschieren und trug dabei nicht selten ein Gepäck von bis zu 40 Kilogramm mit sich. Zwar starben viele Legionäre im Kampf, aber trotzdem war der Beruf sehr gefragt. Hatte ein Legionär seine 25 Jahre Dienst geleistet, so bekam er als Rente Geld und Land.

**3** *Wie weit sind eigentlich 25 Kilometer? Finde heraus, wie weit es von dir zuhause bis in die Schule ist und fülle die Lücke aus.*

25 Kilometer, das ist ____________ mal so weit, wie der Weg von mir zuhause bis in die Schule.

**Plakataufgaben:**

1. Schneidet das Bild des römischen Legionärs (Plakatkarten) aus, klebt es zu eurem Zeitstrahl und beschriftet es.
2. Ergänzt die Plakatkarte zum römischen Heer mit drei wichtigen Informationen und klebt sie dazu.

Nicht ohne Grund hatten die Römer so viele Soldaten. Ihr Ziel war es, das Römische Reich zu vergrößern und zur Weltmacht zu werden. Die römische Armee führte Kriege mit den anliegenden Staaten. Durch die große Anzahl an Soldaten, die gute Ausrüstung und neue Kampftechniken waren die Römer ihren Gegnern oft überlegen und gewannen. So schaffte es das Römische Reich schließlich zur Weltmacht.

**1** *Auf der Karte kannst du die Ausbreitung des Römischen Reiches erkennen. Ordne die passenden Zeiten zu und verbinde.*

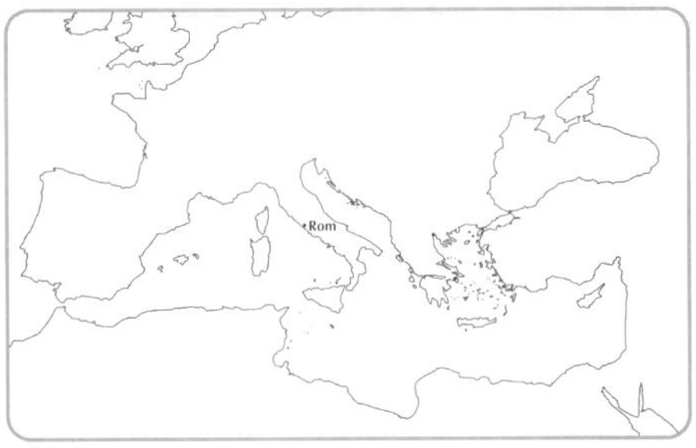

Stadtstaat

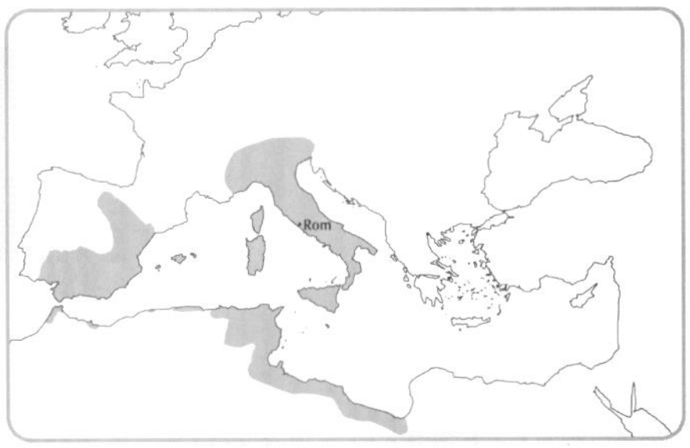

Seemacht

das Römische Reich 150 n. Chr.

das Römische Reich 800 v. Chr.

das Römische Reich 500 v. Chr.

das Römische Reich 200 v. Chr.

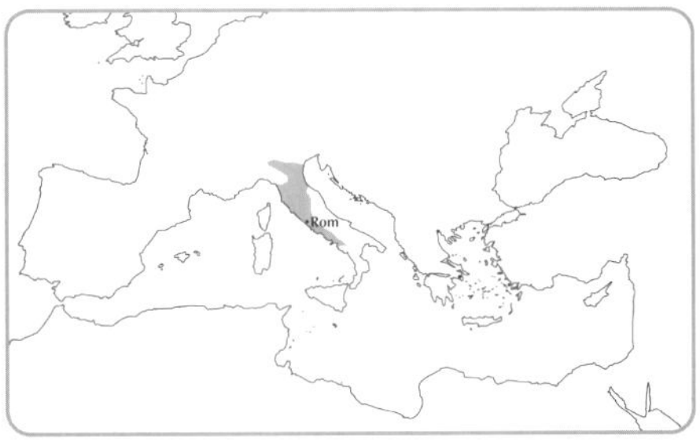

Landmacht

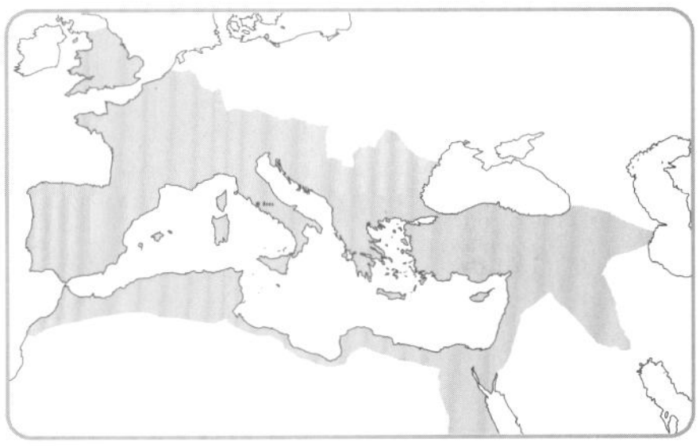

Weltmacht

**2** *In dem Suchrätsel findest du Namen von Ländern. Schreibe die fünf Länder auf, die früher zum Römischen Reich zählten. Tipp: Hier kann dir in deinem Atlas die Europakarte helfen.*

- ______________________________
- ______________________________
- ______________________________
- ______________________________
- ______________________________

| | | | | | | | | | | | |
|---|---|---|---|---|---|---|---|---|---|---|---|
| Z | U | R | A | F | R | D | E | P | Y | H | H |
| I | O | E | S | T | E | R | R | E | I | C | H |
| B | J | D | K | Q | D | H | H | E | C | T | H |
| Q | U | D | P | J | I | O | P | I | W | X | Z |
| E | I | G | H | Q | Q | Z | D | U | W | P | S |
| R | G | L | H | W | F | K | W | Z | T | O | P |
| D | J | T | M | K | E | B | N | C | W | R | A |
| S | C | H | W | E | I | Z | J | P | M | T | N |
| F | R | A | N | K | R | E | I | C | H | U | I |
| D | V | I | X | P | N | L | G | I | G | G | E |
| S | O | C | U | I | N | G | W | L | F | A | N |
| W | Q | H | S | I | B | B | B | R | T | L | G |

Die Grenzsicherung war für den Erhalt des Römischen Reiches sehr wichtig. Es gab natürliche Grenzen, beispielsweise Flüsse, es wurden aber auch künstliche Grenzbefestigungen gebaut. Diese gebaute Grenze wurde Limes genannt und bestand zum Beispiel aus Stein- oder Holzmauern. Der Limes war im heutigen Deutschland etwa 550 Kilometer lang. Damit sich die Legionäre schnell bewegen konnten und Waren schnell von einem zum anderen Ort gelangten, bauten die Römer viele Straßen, die wie ein Netz die Regionen miteinander verbanden.

**Plakataufgaben:**

Stellt die Ausbreitung des Römischen Reiches auf den Landkarten (Plakatkarten) dar und klebt sie an geeigneten Stellen auf euer Plakat.

Die Herrscher des Römischen Reiches: Von der Republik zum Kaiserreich

Bis 509 v. Chr. wurde Rom von einem König regiert. Wichtige Entscheidungen wurden nur vom König und von einigen Adligen getroffen. Das Volk hingegen hatte keine Macht. Ab 509 v. Chr. regierte in Rom kein König mehr, denn ab diesem Zeitpunkt gab es eine Republik. In einer Republik herrscht nicht nur eine Person, sondern eine Gruppe von Personen (Senat), denen unterschiedliche Aufgaben zugewiesen werden. Im alten Rom wurden diese Personen in ihre Ämter gewählt, konnten diese jedoch auch wieder verlieren. Allerdings durfte sich nicht jeder Einwohner zur Wahl aufstellen lassen oder an der Wahl teilnehmen. Meist war es Personen aus dem Adel vorbehalten.

**1** *Definiere den Begriff „Republik".*

______________________________________________

______________________________________________.

Im Jahre 27 v. Chr. endete die Zeit der Republik. In Rom herrschten zu dieser Zeit große Unruhen und die Menschen kämpften gegeneinander. Gaius Julius Cäsar gewann diese Kämpfe und 27 v. Chr. wurde sein Adoptivsohn Augustus zum ersten römischen Kaiser gewählt. Den Adeligen gefiel das gar nicht, denn sie verloren viel Macht und hatten nur noch wenig zu sagen. Bis 476 n. Chr. wurde Rom von verschiedenen Kaisern regiert.

**2** *Ordne die einzelnen Phasen des Römischen Reiches auf dem folgenden Zeitstrahl ein. Finde den passenden Abschnitt und bemale ihn farbig.*

*Römische Königszeit: blau • Römische Republik: rot • Römische Kaiserzeit: grün*

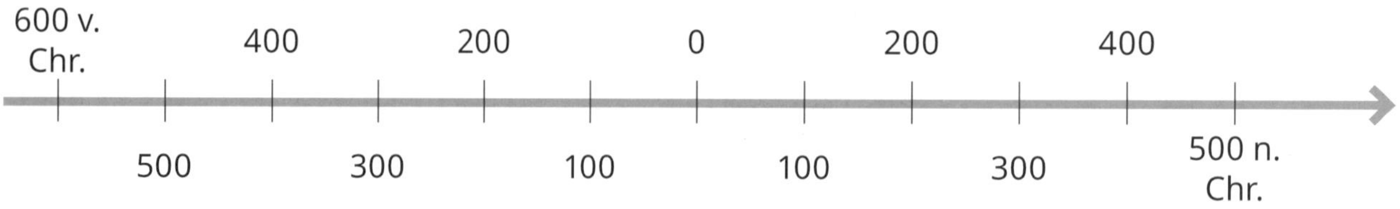


**3** *Ordne die Abbildungen den Phasen zu, indem du sie in der jeweils passenden Farbe umrandest.*

**Plakataufgaben:**

1. Klebt die Plakatkarten „Königsherrschaft", „Republik" und „Kaiserherrschaft" zu eurem Zeitstrahl. Gebt an, zu welcher Zeit diese Epoche stattfand.
2. Malt jeweils die passende Hierarchiepyramide von Aufgabe 3 dazu.

Die Ausbreitung des Christentums: Der Glaube im antiken Rom

Das Christentum zählt heute zu den fünf Weltreligionen. Fast jeder dritte Mensch auf der Welt gehört dieser Religion an. Das Christentum entstand zur Zeit des Römischen Reiches.

**1** *Hier sind Buchstaben durcheinandergeraten. Finde mehr über das Christentum heraus, indem du die Buchstaben ordnest und die Wörter richtig aufschreibst.*

ESJSU HTURICSS = ____________________ RZEUK = ____________________

EIBBL = ____________________ IREHKC = ____________________

HNEZ TBOEGE = ____________________ ONTGASN = ____________________

Die Christen hatten es zunächst sehr schwer, denn viele Menschen im Römischen Reich glaubten an mehrere Götter. Ihren Kaiser verehrten sie ebenfalls wie einen Gott. Diese Vorstellung widerspricht dem Glauben der Christen. So mussten diese sich an geheimen Orten treffen. Die Römer unterdrückten sie und immer wieder kam es zu Verfolgungen, bei denen viele Christen getötet wurden.

**2** *Stelle dir vor, du bist ein Kind und lebst in Rom. Gemeinsam mit deinen Eltern nimmst du an einem christlichen Gottesdienst teil. Dieser ist eigentlich verboten und findet an einem geheimen Ort statt. Schreibe deine Gedanken in die Gedankenblase.*

____________________
____________________
____________________
____________________
____________________
____________________.

Ab dem Jahr 313 n. Chr. änderte sich für die damaligen Christen vieles. Zu dieser Zeit war Konstantin der Große Kaiser. Dieser unterstützte das Christentum und trat selbst dieser Religion bei. Immer mehr Kirchen wurden im Land gebaut und die Religion verbreitete sich rasant. 380 n. Chr. wurde das Christentum zur Staatsreligion im Römischen Reich erklärt. Heute ist Rom ein wichtiger Ort für die Christen und das Zentrum der katholischen Kirche.

**3** *Die Karte zeigt das Römische Reich und die Ausbreitung des Christentums. Umrandet sind fünf Regionen, in denen schon sehr früh viele Christen lebten. Finde mithilfe deines Atlas heraus, in welchen heutigen Ländern diese Regionen liegen.*

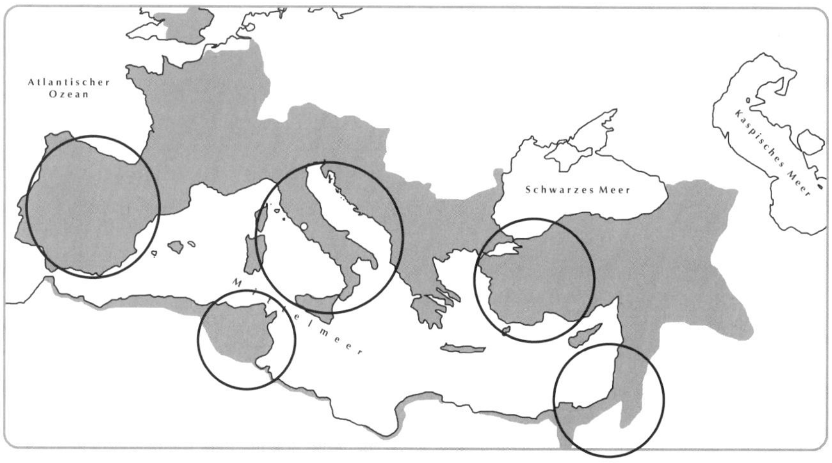


____________________
____________________
____________________
____________________
____________________

**Plakataufgaben:**

Ergänzt die Plakatkarten mit einem passenden Bild oder Symbol und klebt sie an die passenden Stellen zu eurem Zeitstrahl.

In Germanien, einer Nachbarregion des Römischen Reiches, herrschte um 375 n. Chr. eine große Unzufriedenheit durch Missernten und Hungersnöte. Zudem zogen die Hunnen (ein Reitervolk aus Asien) durch Europa und eroberten viele Gebiete. All das führte dazu, dass immer mehr Menschen in das Römische Reich flohen. Diese Zeit nennt man heute die Zeit der Völkerwanderung.

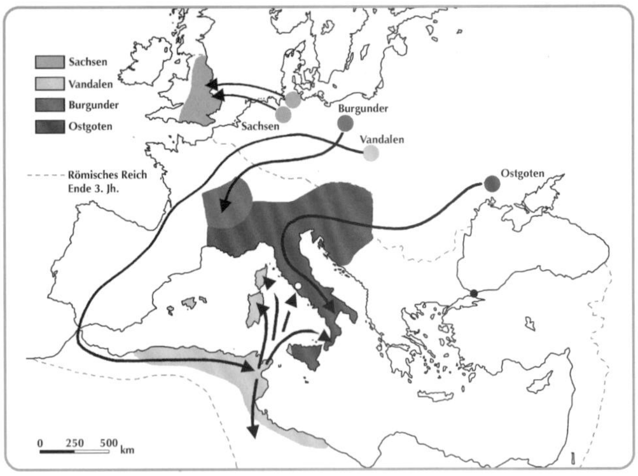


**1** *Auf der Karte kannst du erkennen, wohin die germanischen Völker flohen. Betrachte die Karte genau und verbinde die Sätze passend.*

| | |
|---|---|
| Die Vandalen | breiteten sich vor allem im heutigen Österreich, Italien sowie Frankreich und Spanien aus. |
| Die Ostgoten | breiteten sich vor allem im heutigen Spanien und später in Nordafrika aus. |
| Die Burgunder | breiteten sich vor allem im heutigen Großbritannien aus. |
| Die Sachsen | breiteten sich vor allem im heutigen Frankreich aus. |

**2** *Auch heute fliehen Menschen in andere Länder. Finde vier Fluchtursachen, indem du die passenden Silben zusammenfügst.*

| | | | | | | | | | |
|---|---|---|---|---|---|---|---|---|---|
| ge | fol | rung | walt | zer | gung | ar | stö | ver | mut |

______________________________________________

Die Völkerwanderung sorgte für immer mehr Probleme im Land. So wurde eine einheitliche Verwaltung und Verteidigung in dem großen Reich immer schwieriger. Bis etwa 400 n. Chr. verlor das Römische Reich deutlich an Macht. Dies führte dazu, dass 395 n. Chr. das Reich in zwei Hälften geteilt wurde. Von da an gab es Westrom mit der Hauptstadt Rom und Ostrom mit der Hauptstadt Konstantinopel. 476 n. Chr. wurde in Westrom schließlich der letzte weströmische Kaiser abgesetzt. Das Oströmische Reich gab es noch bis 1453 n. Chr.

**3** *Die Hauptstadt Ostroms gibt es noch heute. Markiere sie in der oberen Karte rot. Finde den heutigen Namen und das Land, in dem sie liegt, heraus.*

Stadt: ______________________ Land: ______________________

**Plakataufgaben:**

1. Ergänzt die Plakatkarten zum Thema „Völkerwanderung" und klebt sie passend auf.
2. Ergänzt den kurzen Zeitstrahl von den Plakatkarten mit den passenden Ereignissen und klebt ihn ebenfalls auf euer Plakat.

**Das römische Heer: Leben eines Soldaten**

| Das römische Heer |
| --- |
| • ____________________ |
| • ____________________ |
| • ____________________ |

**Die Sicherung des Römischen Reiches: Vom Stadtstaat zur Weltmacht**

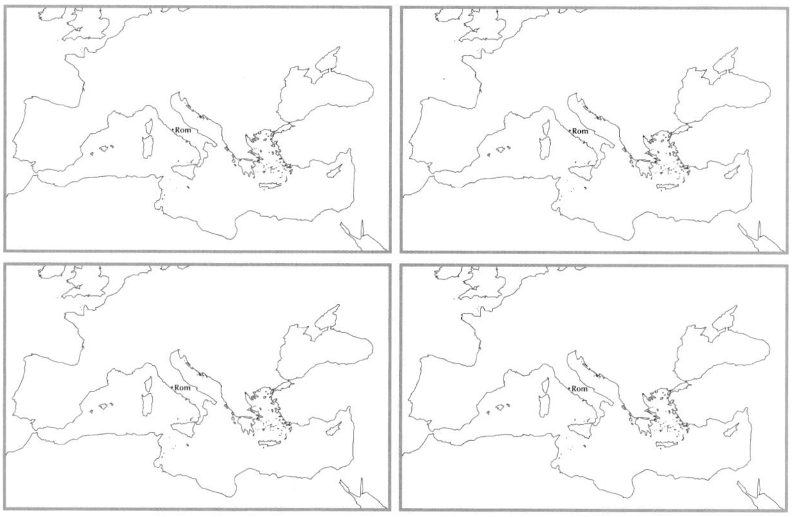


**Die Herrscher des Römischen Reiches: Von der Republik zum Kaiserreich**

| Königsherrschaft | Republik | Kaiserherrschaft |
| --- | --- | --- |

**Die Ausbreitung des Christentums: Der Glaube im antiken Rom**

| Glaube an die Götter | Verfolgung | Verbreitung | Staatsreligion |
| --- | --- | --- | --- |

**Das Ende des Römischen Reiches**

| Was ist eine Völkerwanderung? | Gründe: | Auswirkungen auf das Römische Reich: |
| --- | --- | --- |

350 n. Chr. → 395 n. Chr. → 400 n. Chr. → 476 n. Chr. → 1453 n. Chr.

**So in etwa könnte das Lernplakat aussehen:**

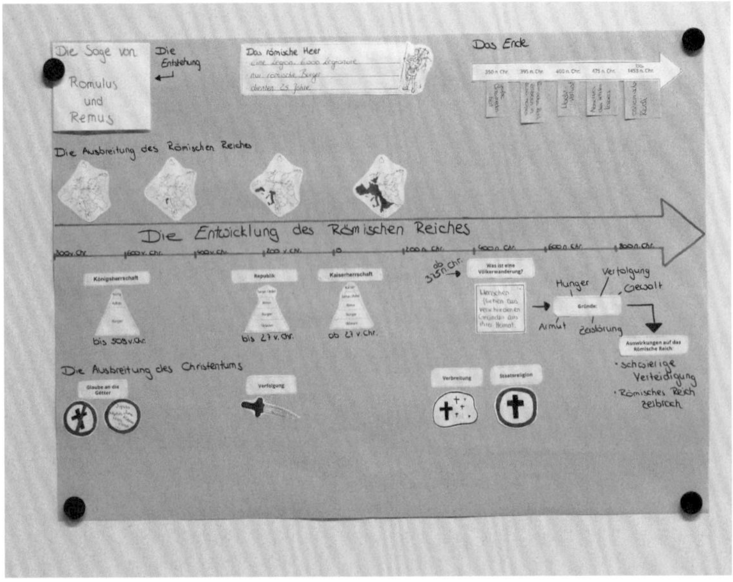


Über diesen QR-Code ist das Foto farbig abrufbar:

### Die Gründung des Römischen Reiches: Sage von Romulus und Remus

**1**

| | |
|---|---|
| 1 | Die Zwillingsbrüder Romulus und Remus entstammten einer alten Königsfamilie. |
| 3 | Doch der Korb blieb am Ufer hängen. Eine Wölfin fand die Zwillinge und säugte sie. |
| 6 | Dabei zerstritten sie sich und Romulus erschlug seinen Bruder Remus. |
| 5 | Als sie von ihrer Herkunft erfuhren, verjagten sie den grausamen Onkel. Sie beschlossen, am Tiber eine neue Stadt zu gründen. |
| 2 | Ihr herrschsüchtiger Onkel wollte die beiden Säuglinge töten. Er setzte sie in einem Korb auf dem Fluss Tiber aus. |
| 4 | Später nahm ein Hirte die Jungen zu sich und zog sie auf. Sie wuchsen zu kräftigen jungen Männern heran. |
| 7 | Romulus wurde der erste König der neuen Stadt. Wegen seines Namens wurde die Stadt „Rom" genannt. |

**2** Romulus, der Gründer von Rom, hätte nicht überlebt, wenn die Wölfin die Zwillinge nicht gesäugt hätte. Deshalb wird die Wölfin auch heute noch in Rom verehrt.

**3** individuelle Lösung

### Das römische Heer: Leben eines Soldaten

**1**

SPEER

MARSCHGEPÄCK

KETTENHEMD

SCHUTZSCHILD

SANDALEN

KURZSCHWERT

**2** Du bist römischer Bürger, sportlich und flink. Dann bewirb dich auf die halbjährige Ausbildung zum Legionär! Gute Augen und Ohren sind wichtig, damit du wachsam gegenüber Feinden bist. Das Lesen und Schreiben sollest du bereits können. Hast du Interesse und bist gesund, groß und schlank – dann melde dich bei uns!
**3** individuelle Lösung

### Die Sicherung des Römischen Reiches: Vom Stadtstaat zur Weltmacht

**1** Stadtstaat: das Römische Reich 800 v. Chr.
Landmacht: das Römische Reich 500 v. Chr.
Seemacht: das Römische Reich 200 v. Chr.
Weltmacht: das Römische Reich 150 n. Chr.
**2** Oesterreich, Schweiz, Frankreich, Portugal, Spanien

| | | | | | | | | | | | |
|---|---|---|---|---|---|---|---|---|---|---|---|
| Z | U | R | A | F | R | D | E | P | Y | H | H |
| I | O | E | S | T | E | R | R | E | I | C | H |
| B | J | D | K | Q | D | H | H | E | C | T | H |
| Q | U | D | P | J | I | O | P | I | W | X | Z |
| E | I | G | H | Q | Q | Z | D | U | W | P | S |
| R | G | L | H | W | F | K | W | Z | T | O | P |
| D | J | T | M | K | E | B | N | C | W | R | A |
| S | C | H | W | E | I | Z | J | P | M | T | N |
| F | R | A | N | K | R | E | I | C | H | U | I |
| D | V | I | X | P | N | L | G | I | G | G | E |
| S | O | C | U | I | N | G | W | L | F | A | N |
| W | Q | H | S | I | B | B | B | R | T | L | G |

### Die Herrscher des Römischen Reiches: Von der Republik zum Kaiserreich

**1** In einer Republik herrscht nicht nur eine Person, sondern eine Gruppe an Personen teilt sich die Macht. In Rom regierte der Senat, der vom Volk gewählt wurde. Innerhalb des Senates hatten die Mitglieder unterschiedliche Aufgaben.
**2** *Römische Königszeit: blau • Römische Republik: rot • Römische Kaiserzeit: grün*

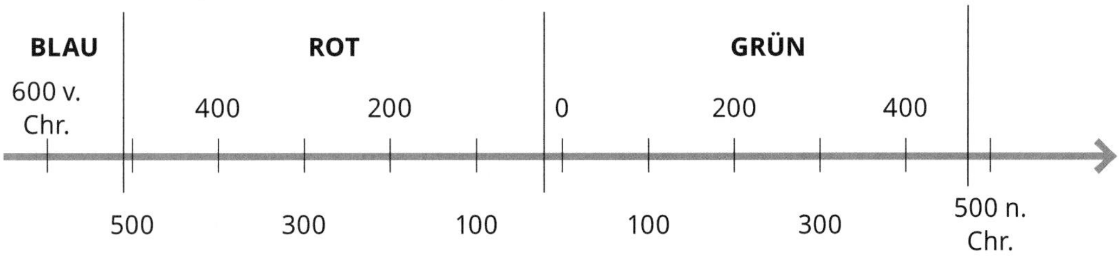


**3** *Römische Königszeit: blau • Römische Republik: rot • Römische Kaiserzeit: grün*

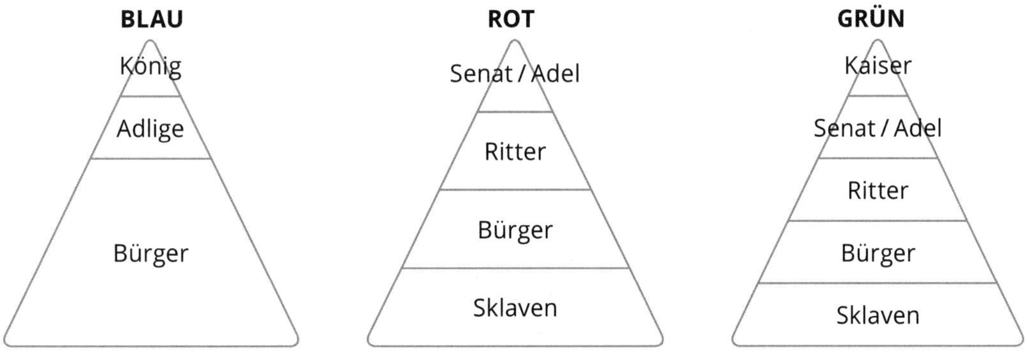


### Die Ausbreitung des Christentums: Der Glaube im antiken Rom

**1**

| | |
|---|---|
| Jesus Christus | Kreuz |
| Bibel | Kirche |
| Zehn Gebote | Sonntag |

**2** individuelle Lösung
(Idee: Jeden Sonntag huschen wir in dicke Kleider gehüllt durch die Straßen von Rom zum geheimen Treffpunkt. Mama und ich haben immer große Angst, doch Papa geht vor, um Ausschau nach Wachen zu halten. Angekommen müssen wir durch eine versteckte Tür treten. Während des Gottesdienstes dürfen wir nur flüstern und leise singen. Ich habe immer große Angst davor, dass wir dabei erwischt werden und ich von Mama und Papa getrennt werde. Aber die beiden glauben ganz fest daran, dass Gott uns beschützt und auf uns aufpasst.)

1

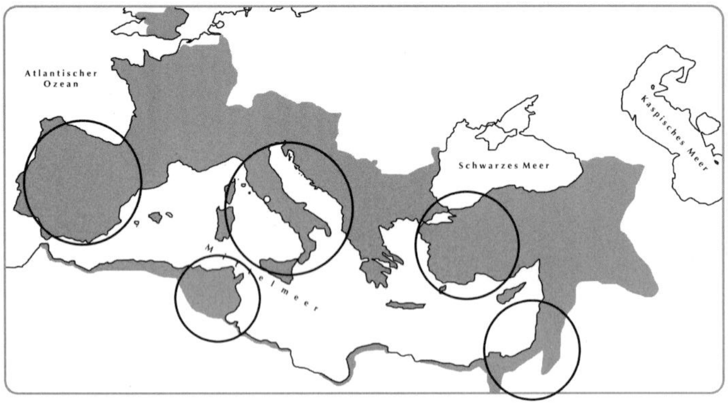


Spanien

Italien

Tunesien

Türkei

Israel

**Das Ende des Römischen Reiches**

1
- Die Vandalen breiteten sich vor allem im heutigen Spanien und später in Nordafrika aus.
- Die Ostgoten breiteten sich vor allem im heutigen Österreich, Italien sowie Frankreich und Spanien aus.
- Die Burgunder breiteten sich vor allem im heutigen Frankreich aus.
- Die Sachsen breiteten sich vor allem im heutigen Großbritannien aus.

2 Gewalt, Verfolgung, Zerstörung, Armut

3 Stadt: Istanbul
Land: Türkei

In der Antike wuchs die Stadt Rom weiter und wurde immer wichtiger. Ihre Blütezeit hatte die Stadt etwa 330 n. Chr. Damals hatte sie etwa eine Million Einwohner.

**1** *Finde heraus, wie viele Einwohner dein Schulort hat. Vergleiche die Einwohnerzahl mit dem damaligen Rom (x-mal mehr oder weniger).*

________________________ hat ________________ Einwohner.

Das sind ___________________, als das damalige Rom hatte.

Rom war zu dieser Zeit eine sehr fortschrittliche Stadt. Es gab gepflasterte Straßen und große Plätze. Auch gab es schon mehrere Wasserleitungen und für das Abwasser unterirdische Kanäle.

**2** *Auf dem Rekonstruktionsbild kannst du Rom um etwa 330 n. Chr. erkennen. Finde durch die Beschreibungen heraus, wo was liegt und notiere die passende Nummer.*

© bpk / Scala

| | |
|---|---|
| | **Aquädukt:** Oberirdische Wasserleitung, die Quellwasser aus den Bergen nach Rom brachte. Diese oberirdischen Bögen waren etwa 100 Meter hoch und 5 Meter breit. |
| | **Circus Maximus:** Ovalförmige Arena, die Austragungsort für zahlreiche Wagenrennen war. Solche Wagenrennen dienten damals der Unterhaltung. Darin hatten insgesamt 250 000 Menschen Platz. |
| | **Kolosseum:** Rundtheater mit insgesamt 80 bogenförmigen Eingängen. Darin hatten bis zu 50 000 Menschen Platz. Es wurden häufig Kämpfe zur Unterhaltung ausgetragen, bei denen es um Leben und Tod ging. |
| | **Marcellus-Theater:** Dieses Theater liegt direkt am Tiber. Es hatte die Form eines Halbkreises. Darin hatten etwa 20 000 Besucher Platz. Bei den Römern war der Gang ins Theater ein wichtiges Unterhaltungsmittel. |

**3** *Du bist Tourist in Rom. Welches der vier Bauwerke würdest du dir gerne ansehen und warum?*

______________________________________________________________________

______________________________________________________________________.

**Plakataufgaben:**

1. Malt einen typischen Römer aus der Antike und klebt ihn auf einen Teil eures Plakates. Wählt eine passende Überschrift.
2. Ergänzt die Sprechblase (Plakatkarten) und klebt sie dazu.

Die Mehrheit der Menschen im Römischen Reich lebte nicht in der Stadt, sondern auf dem Land. Dort arbeiteten die Menschen vor allem in der Landwirtschaft, aber auch als Handwerker. Reiche Leute lebten gerne auf dem Land und viele Legionäre ließen sich nach ihrem Dienst mit einem Stück Land auszahlen. Häufig bauten sie dort große römische Gutshäuser (Villa Rustica). Dort gab es, neben der Landwirtschaft, Töpfereien, Ziegeleien und vereinzelt sogar Metallverarbeitungen oder Brauereien. Viele Menschen hatten dort verschiedene Aufgaben. In einer Villa Rustica hatte immer der Gutsherr das Sagen.

**1** *Verbinde die Aussagen / Gedanken mit den passenden Personen.*

| | |
|---|---|
| „Marcella, heute Abend kommen 30 Gäste zu Besuch. Ich möchte, dass ein festliches Menü aufgetischt wird!" ○ | ○ Sklave |
| „Den Plan für den Anbau der Scheune finde ich gut. Du kannst ab morgen mit der Arbeit beginnen!" ○ | ○ Gutsherrin |
| „Vielen Dank, mein Herr. Ich werde mit meinem Gehilfen heute noch mit den Vorbereitungen für den Anbau beginnen." ○ | ○ Schreiner |
| „Ich arbeite schon seit Sonnenaufgang. Diese Hitze und die schwere Feldarbeit, ich kann einfach nicht mehr." ○ | ○ Gutsherr |

Eine solche Villa Rustica lag in der Mitte von Feldern, Weideflächen und Weingärten. Häufig war in der Nähe eine Landstraße, damit die Waren schnell verkauft werden konnten. Das Gutshaus war unterteilt in ein Wohnhaus für die Eigentümer, kleinere Unterkünfte für die Arbeiter und die Arbeitsgebäude, zum Beispiel Ställe, Schuppen und kleine Handwerksbetriebe. Für die Wasserversorgung gab es im Hof einen Brunnen oder einen kleinen Flusslauf. Begrenzt wurde das Anwesen zum Schutz mit einer Mauer.

Stephan Dinges / stock.adobe.com (Villa Rustica in Weilberg)

**2** *Vergleiche das Leben auf einem römischen Gutshof mit deinem Leben.*

______________________________________________

______________________________________________

______________________________________________.

**Plakataufgaben:**

1. Malt anhand der Beschreibung im Text eine Villa Rustica und klebt sie auf euer Plakat.
2. Beschriftet und zeichnet ein, wer dort lebt.

# Das Leben in der Provinz: Raetia

Das römische Heer eroberte immer weiter neue Gebiete. Diese Gebiete wurden von den Römern Provinzen genannt und eine dieser Provinzen war Raetia. Sie grenzte an Germanien und ein Teil lag im heutigen Süden von Deutschland.

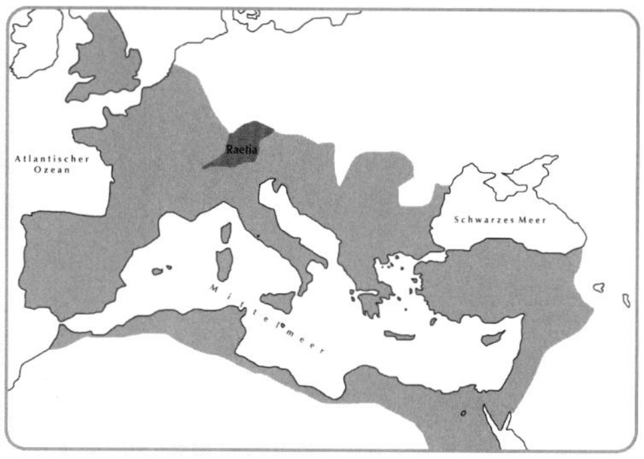


**1** *Vervollständige den Lückentext.*

*Raubzüge • auswanderten • Limes • Legionäre • Germanen • Wachtürmen • Überfälle • Römern*

Die Grenze zwischen Raetia und Germanien wurde durch den ______________ gesichert. Trotz der Grenze gab es Kontakte zwischen den ______________ und ______________ und Waren wurden ausgetauscht. Die angenehme römische Lebensweise sorgte dafür, dass einige Germanen in das Römische Reich ______________. Römische ______________ überwachten das Treiben auf ______________ und am Boden, denn es gab ______________ und ______________.

**2** *Auf dem Bild erkennst du einen Grenzübergang von Raetia nach Germanien. Überlege dir ein bis zwei Sätze eines Gespräches zwischen einem Legionär und einem Händler am Grenzübergang und schreibe sie in die Sprechblasen.*

______________
______________
______________
______________.

______________
______________
______________
______________.

**3** *Viele deutsche Städte waren früher römische Siedlungen. Schreibe die Namen auf.*

| | |
|---|---|
| Cambodunum = ______________ ETNPMKE | Biriciana = ______________ RGENBUßWIE |
| Castra Regina = ______________ BGRRESNEUG | Augusta Vindelicorum = ______________ SGUUBRGA |

**Plakataufgaben:**

1. Ergänzt die Plakatkarten mit jeweils einer Erklärung oder Beschreibung.
2. Ordnet sie sinnvoll auf eurem Plakat an und klebt sie auf.

Die römische Familie, auch *familia* genannt, unterscheidet sich von unserer heutigen Vorstellung von Familie. Zu der *familia* zählten neben Vater, Mutter, Kindern und Enkelkindern auch die Sklaven. Eine wohlhabende *familia* hatte etwa ein bis drei Kinder und ein oder zwei Sklaven. Der Mann war das Oberhaupt und alle Entscheidungen lagen in seiner Hand.
Mädchen besuchten nur einige Jahre die Elementarschule und wurden dann im Alter zwischen 12 und 14 Jahren verheiratet. Mit der Hochzeit wechselten sie in die *familia* ihres Ehemannes. Wohlhabende Jungen durften eine längere Zeit lernen und wurden etwa im Alter von 17 Jahren verheiratet. Die Frau war für den Nachwuchs, die Organisation des Haushaltes und die Überwachung der Haussklaven zuständig. Insgesamt hatten Frauen nur sehr wenig Rechte, jedoch durften sie Theaterstücke oder Spiele besuchen.

**1** *Schreibe die Begriffe neben die passenden Personen / Gruppen im Bild.*

*Hausherr • Hausherrin • Kinder • Sohn mit Familie • Feldsklaven • Haussklaven*

**2** *Wähle zwei Personen aus und überlege, was sie über ihren Alltag sagen könnten. Schreibe in die Sprechblasen.*

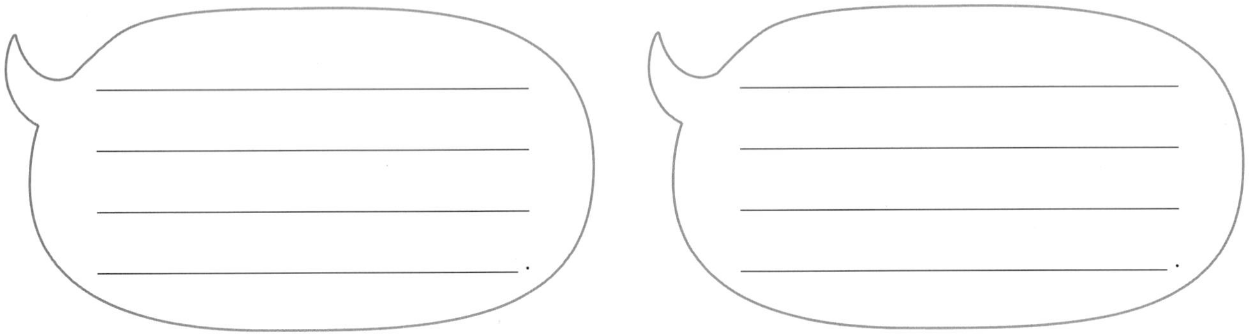

**3** *Warum wird die römische familia auf vielen Bildern in Pyramidenform mit unterschiedlichen Stufen dargestellt? Erkläre.*

______________________________________________

______________________________________________.

**Plakataufgaben:**

1. Ordnet die Bilder (Plakatkarten) auf eurem Plakat sinnvoll an (Hierarchiepyramide!).
2. Ergänzt die Steckbriefe (Hausherr, Hausherrin, Kinder) und klebt sie dazu.

Sklaven sind Menschen, die Eigentum eines anderen Menschen und somit nicht frei sind. Besonders in wohlhabenden Familien im Römischen Reich war es normal, Sklaven im Haushalt zu haben, die verschiedene Aufgaben zu erledigen hatten.

**1** *Finde fünf typische Aufgaben der Sklaven in dem Suchrätsel und schreibe sie auf.*

- ____________________
- ____________________
- ____________________
- ____________________
- ____________________

| | | | | | | | | | |
|---|---|---|---|---|---|---|---|---|---|
| E | R | N | T | E | F | U | G | A | K |
| U | X | E | S | E | I | R | C | R | E |
| E | G | M | Z | F | O | L | H | D | R |
| H | O | C | Y | P | V | F | E | D | Z |
| U | T | U | C | U | A | C | Y | Y | I |
| K | A | D | D | T | J | S | Z | C | E |
| E | J | T | S | Z | D | V | H | W | H |
| S | K | U | B | E | R | G | B | A | U |
| N | X | S | W | N | T | X | B | M | N |
| K | O | C | H | E | N | U | R | L | G |

Sklaven bekamen für ihre Arbeit kein Geld. Jedoch musste der Hausherr ihnen Essen, Kleidung und ein Bett zur Verfügung stellen. Den Sklaven in der Stadt ging es in der Regel besser als den Sklaven auf dem Land, denn ihre Arbeit war häufig weniger körperlich anstrengend. Mit Erlaubnis des Herren durften sie sogar das Theater oder eine Wirtschaft besuchen. Sklaven hatten sicherlich ein hartes Leben, allerdings hing es sehr von ihrem Herren ab. Durch das nahe Zusammenleben entwickelte sich häufig eine enge Vertrautheit.

**2** *Stelle dir vor, du bist Sklavin oder Sklave bei einer wohlhabenden Familie in Rom. Dort bist du vor allem für das Essen zuständig. In einem kurzen Brief an deine Verwandten in Germanien berichtest du von deinem Leben. Schreibe in dein Heft.*

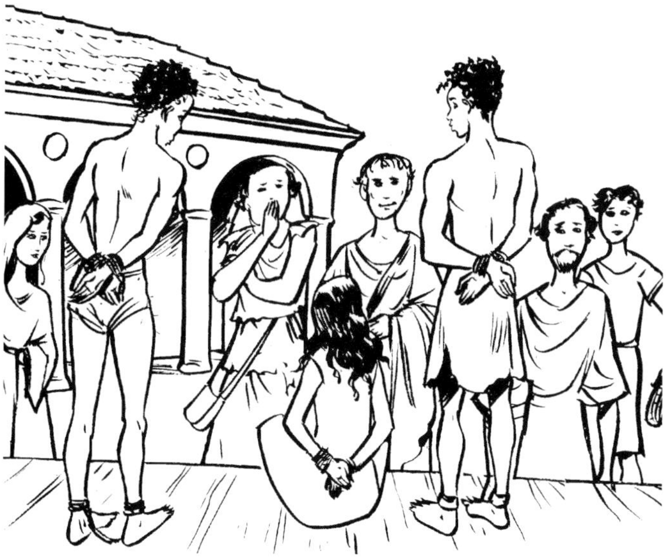

Sklaven waren meistens Kriegsgefangene. Wie andere Waren wurden sie auf eigenen Sklavenmärkten verkauft. Manche Sklaven bekamen in ihren Familien die Möglichkeit, in ihren Aufgaben aufzusteigen oder nach etwa 30 Jahren freigelassen zu werden.

**Plakataufgaben:**

Füllt den Steckbrief (Plakatkarten) über die Sklaven aus und ergänzt ihn neben der Hierarchiepyramide auf eurem Plakat.

Die Spuren des antiken Roms: Die lateinische Sprache und die Kunst der Bauwerke

Viele Erfindungen übernahmen die Römer von den Griechen. Doch durch die Größe des Römischen Reiches gab es einige Neuerungen, die heute noch von großer Bedeutung sind.

**1** *Vervollständige den Lückentext.*

*Geld • Straßen • Münzen • Beton • Handel • Brücken • Mörtel • Straßenbrücke • Wasserleitung • Rundbogenform*

Für den ________________ war der Ausbau der ________________ von großer Bedeutung.

Für die Überbrückung von Tälern oder Flüssen wurden ________________ gebaut, die man zum Teil heute noch bewundern kann. Diese hatten häufig mehrere Etagen und wurden als ________________ und ________________ genutzt. Für eine bessere Stabilität bauten die Römer in ________________. Als Baustoffe für ihre großen Bauten verwendeten sie bereits ________________ und ________________. Neu war, dass es im gesamten Römischen Reich einheitliches ________________ gab. Überall konnte man mit den gleichen ________________ bezahlen.

**2** *Auf dem Bild erkennst du eine beeindruckende Brücke aus der Zeit Roms, die „Pont du Gard". Beschreibe sie mithilfe deines Wissens.*

________________________________________

________________________________________

________________________________________.

Auch die Bedeutung der Städte stieg mit dem Römischen Reich, denn dort wurde nicht nur gelebt und gearbeitet, sondern das Land wurde von dort aus verwaltet. Gerade in Häusern von wohlhabenden Familien sorgte schon eine Fußbodenheizung für eine angenehme Atmosphäre. Im ganzen Römischen Reich wurde Latein gesprochen und geschrieben. Auch die deutsche Sprache hat Einflüsse daraus. Das Alphabet ähnelt sehr dem Lateinischen und einige Begriffe kann man heute in der deutschen Sprache erkennen. Romanische Sprachen wie Französisch oder Italienisch haben ihren Ursprung im Lateinischen.

**3** *Ordne den lateinischen Begriffen die deutschen Begriffe zu.*

| | | | | | | |
|---|---|---|---|---|---|---|
| gaudi | vinum | via strata | nasus | corpus | scribere | legere |

| | | | | | | |
|---|---|---|---|---|---|---|
| die Nase | der Körper | schreiben | die Freude | lesen | die Straße | der Wein |

**Plakataufgaben:**

1. Gestaltet die Fußspuren mit jeweils einer Erfindung / Erneuerung aus dem antiken Rom.
2. Beschreibt diese und malt jeweils ein Bild dazu.
3. Ergänzt euer Plakat nun mit der Überschrift „Das Leben im Römischen Reich".

**Das Leben in der Stadt: Rom**

Das Leben in der Stadt Rom ist schön, weil … ______________________

____________________________________________

____________________________________________.

**Das Leben in der Provinz: Raetia**

Raetia

____________________________________________

____________________________________________

____________________________________________.

Germanien

____________________________________________

____________________________________________

____________________________________________.

Legionär

____________________________________________

____________________________________________

____________________________________________.

Limes

____________________________________________

____________________________________________

____________________________________________.

### Das Leben einer römischen Familie

**Hausherr**

Meine Aufgabe:

**Hausherrin**

Meine Aufgabe:

**Kinder**

Meine Aufgabe:

### Sklaven im Römischen Reich

**Sklaven**

Wer wurde Sklave?

Wie wurden sie bezahlt?

Welche Aufgaben hatten sie?

Welche Rechte hatten sie?

**So in etwa könnte das Lernplakat aussehen:**

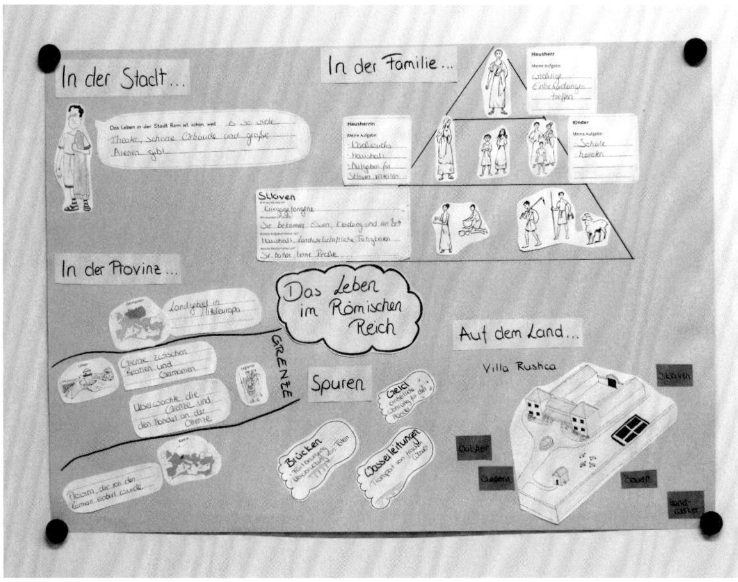


Über diesen QR-Code ist das Foto farbig abrufbar:

### Das Leben in der Stadt: Rom

1. individuelle Lösung
2. Kolosseum – 1; Aquädukt – 2; Circus Maximus – 3; Marcellus-Theater – 4
3. individuelle Lösung

### Das Leben auf dem Land: Römische Gutshöfe

**1**

Gutsherrin: „Marcella, heute Abend kommen 30 Gäste zu Besuch, ich möchte, dass ein festliches Menü aufgetischt wird!"

Gutsherr: „Den Plan für den Anbau der Scheune finde ich gut. Du kannst ab morgen mit der Arbeit beginnen!"

Schreiner: „Vielen Dank, mein Herr. Ich werde mit meinem Gehilfen heute noch mit den Vorbereitungen für den Anbau beginnen."

Sklave: „Ich arbeite schon seit Sonnenaufgang. Diese Hitze und die schwere Feldarbeit, ich kann einfach nicht mehr."

**2** individuelle Lösung

### Das Leben in der Provinz: Raetia

**1** Reihenfolge: Limes, Germanen, Römern, auswanderten, Legionäre, Wachtürmen, Raubzüge, Überfälle

**2**

Mein Name ist Paulus und ich liefere römischen Wein nach Germanien aus. Hier sehen Sie meinen Auftrag.

Stehen bleiben! Wohin führt Sie Ihr Weg und woher kommen Sie? Welche Waren haben Sie beladen?

**3**

| | |
|---|---|
| Cambodunum = Kempten<br>ETNPMKE | Biriciana = Weißenburg<br>RGENBUßWIE |
| Castra Regina = Regensburg<br>BGRRESNEUG | Augusta Vindelicorum = Augsburg<br>SGUUBRGA |

## Das Leben einer römischen Familie

**1**

**2** individuelle Lösung

**3** Die Personen innerhalb der Familie hatten eine bestimmte Rangordnung. An oberster Stelle stand der Hausherr, der das Sagen hatte. Danach folgten die Hausherrin und die Kinder des Hauses. An unterster Stelle standen die Sklaven, die den jeweils anderen Personen gehorchen mussten.

## Sklaven im Römischen Reich

**1** Ernte, Bergbau, kochen, putzen, Erziehung

| | | | | | | | | | |
|---|---|---|---|---|---|---|---|---|---|
| E | R | N | T | E | F | U | G | A | K |
| U | X | E | S | E | I | R | C | R | E |
| E | G | M | Z | F | O | L | H | D | R |
| H | O | C | Y | P | V | F | E | D | Z |
| U | T | U | C | U | A | C | Y | Y | I |
| K | A | D | D | T | J | S | Z | C | E |
| E | J | T | S | Z | D | V | H | W | H |
| S | K | U | B | E | R | G | B | A | U |
| N | X | S | W | N | T | X | B | M | N |
| K | O | C | H | E | N | U | R | L | G |

**2** individuelle Lösung

## Die Spuren des antiken Roms: Die lateinische Sprache und die Kunst der Bauwerke

**1** Reihenfolge: Handel, Straßen, Brücken, Straßenbrücke, Wasserleitung, Rundbogenform, Mörtel, Beton, Geld, Münzen

**2** Betrachtet man die Brücke, erkennt man die Rundbogenform. Weiterhin sieht man, dass die Brücke oben als Wasserleitung verwendet wurde und im unteren Teil als Straßenbrücke für Fahrzeuge und Personen. Dadurch hat die Brücke insgesamt drei Etagen.

**3** gaudi = die Freude; vinum = der Wein; via strata = die Straße; nasus = die Nase; corpus = der Körper; scribere = schreiben; legere = lesen